AF390270

346

7718

Conti

MEMOIRE,

POUR
JUSTIFIER LE DROIT
DE
SON ALTESSE SERENISSIME
MONSEIGNEUR
LE PRINCE
DE CONTI.

Sur les Comtez Souveraines DE NEUFCHATEL
& DE VALLENGIN en Suisse.

A NEUFCHATEL,
De l'Imprimerie de JEAN PISTORIUS, Fondeur
des lettres d'Imprimerie & Imprimeur.

M. DCCVII.

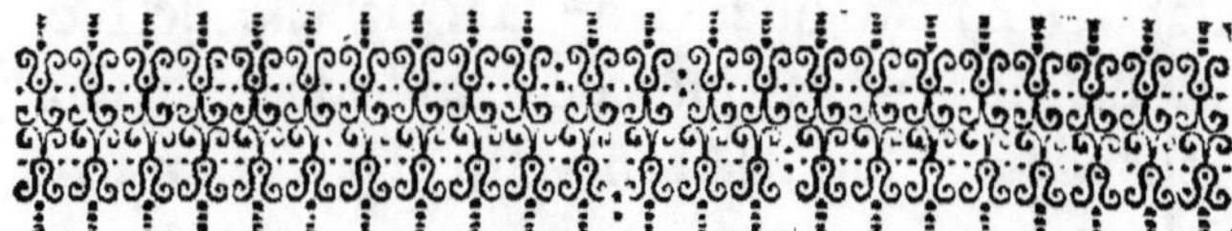

MEMOIRE

POUR

SON ALTESSE SERENISSIME

MONSEIGNEUR

LE PRINCE DE CONTI.

Pour justifier son Droit sur la Souveraineté de Neufchâtel & Vallengin.

A Question qui regarde Monseigneur le Prince de Conti, est moins une question géncrale, qu'une question particuliere : Il s'agit de sçavoir, s'il peut succeder à feu M. l'Abbé d'Orleans, son Cousin germain, dans la Souveraineté de Neufchâtel. Si étant capable d'y succeder ab inte-

A 2

stat,

ſtat ; (en cas que Made. la Ducheſſe de Nemours ne l'eût pas précedé dans le degré) il ſera
inhabile à y ſucceder en vertu d'un Teſtament
ſolennel : Teſtament confirmé par Sentence &
par Arrêt contradictoires.

La Queſtion de ſçavoir ſi les Souverainetés en géneral ſont alienables, peut former un
Probléme, & donner lieu à des diſſertations,
plus curieuſes que neceſſaires. Il faut abandon-
ner cette queſtion à ceux qui aiment la ſpecu-
lation, & qui ne cherchent qu'à occuper leur
loiſir.

Le mot *d'Alienation* eſt d'une grande étenduë, il renferme le Teſtament, la donation,
la vente, l'échange, l'engagement, la preſcrip-
tion, & pluſieurs autres voyes, par leſquelles
un Bien paſſe d'une main dans un autre.

Il ne s'agit point ici de ſçavoir, ſi la vente,
l'échange & les autres maniéres d'aliener, peü-
vent s'appliquer à la Souveraineté ; mais ſeulement ſi un Prince peut ſucceder à ſon Couſin
germain dans une Souveraineté, par la voye
du Teſtament ?

Néantmoins M. le Prince de Conti a cet
avantage, que toutes les differentes eſpéces d'a-
lienation qu'on vient de raporter, ſe ſont pra-
tiquées en differents temps, dans les Souverainetés

netés de Neufchâtel & Vallengin. L'Histoire & les Archives de Neufchâtel, en fourniffent les exemples & les preuves : On les expliquera dans la fuitte, mais ce n'eft que par furabondance de Droit. Il faut commencer par faire fix Obfervations qui font effentielles, & qui fuffifent pour décider la conteftation, fans avoir befoin de toutes les autres preuves.

Iere. OBSERVATION.

LA Souveraineté de Neufchâtel a été poffedée par 4. Maifons confecutives, fçavoir par celle de Neufchâtel, par celle de Fribourg, par celle d'Hochberg ; & par celle de Longueville.

Dés 4. Maifons qui ont poffedé cette Souveraineté, il y en a trois, d'où elle eft fortie par la voye du Teftament, & une d'où elle eft fortie par le mariage & la dot d'une fille.

En l'Année 1395. Ifabelle de Neufchâtel inftitua par Teftament Conrard de Fribourg pour fon héritier : par ce moyen la Souveraineté de Neufchâtel, paffa dans la Maifon de Fribourg.

En 1457. Jean de Fribourg inftitua par Teftament Rodolphe d'Hochberg pour fon héritier : par ce moyen la Souveraineté paffa dans la Maifon d'Hochberg.

B

En

En 1504. Jeanne d'Hochberg fut mariée à Loüis d'Orleans Duc de Longueville. Elle luy porta en dot la Souveraineté de Neufchâtel; par ce moyen la Souveraineté de Neufchâtel paſſa dans la Maiſon de Longueville.

En 1694. Jean Loüis Charles d'Orleans dernier Duc de Longueville mourut : Il fit un Teſtament le 1er. Août 1668. dans lequel il appelle M. le Prince de Conti ſon Couſin germain, pour recueillir ſa ſucceſſion ; par ce moyen la Souveraineté de Neufchâtel paſſe dans la Maiſon de Conti.

Il ne reſte qu'à faire des vœux au Ciel, pour luy demander une execution auſſi paiſible de ce Teſtament, que des précedents : & que cette Souveraineté ne ſorte jamais d'une domination ſi douce, & d'une Maiſon ſi Illuſtre.

SECONDE OBSERVATION.

LE Teſtament n'eſt pas la ſeule voye d'aliener, qu'on ait pratiquée dans la Souveraineté de Neufchâtel : On trouve auſſi pluſieurs donations entre vifs.

Le 21. Mars 1668. M. l'Abbé d'Orleans, fit une donation ſolemnelle de la Souveraineté de Neufchâtel, à M. le Comte de St. Pol ſon frere, en preſence de Mrs. des Trois Etats ; En vertu

de

de cette donation, M. le Comte de St. Pol fut reconnû Souverain de Neufchâtel.

Par la mort de M. le Comte de St. Pol arrivée en 1672. la Souveraineté revint entre les mains de M. l'Abbé d'Orleans, suivant la clause de retour stipuleé dans la Donation.

Par un Acte du 18. Fevrier 1694. Mad^e la Duchesse de Nemours, qui ne possedoit cette Souveraineté que d'une maniére provisoire, ne laissa pas d'en faire une donation, entre vifs à feu M. le Chevalier de Soissons.

Par le Contract de Mariage du même Chevalier de Soissons du 6. Octobre 1694. Mad. la Duchesse de Nemours a réiteré la donation de la Souveraineté de Neufchâtel.

Quoi que les deux donations faites par M^{de} la Duchesse de Nemours ne puissent avoir d'effêt au préjudice de M. le Prince de Conti, dont le Droit est anterieur, & préferable sans contestation, néanmoins elles contribuent à prouver l'anienabilité de Neufchâtel.

Les alienations frequentes qui en ont été faites, soit par Testament ou par donati ou entre vifs, établissent un usage certain, & l'usage fait une Loy non Ecrite de l'aliénabilité.

Non seulement il n'y a point de Loi contraire ; mais on peut dire, que des differentes

alié-

aliénations il en refulte une pofitive, en faveur de l'alienabilité.

Pour prouver que la Souveraineté de Neufchâtel eft alienable; il fuffit de montrer qu'elle a été alienée plufieurs fois. Les Souverains l'ont voulu; Ils l'ont fait. Les peuples ont exécuté leur volonté. Voilà ce qui fait une des Loix non écrites de l'Etat.

III^{éme}. *OBSERVATION.*

LEs Audiances génerales autre-fois, & les Trois Etats dans les derniers temps, ont reconnu dans la perfonne des Souverains la faculté de difpofer de la Souveraineté de Neufchâtel par Teftament.

Dans le fameux Jugement des Audiances génerales du 6. May 1552. qui fut rendu pour le partage de Neufchâtel, entre Leonor d'Orleans, & Jacques de Savoye, aprés la mort de François d'Orleans, Souverain de Neufchâtel, on adjugea moitié de la Souveraineté à l'un & moitié à l'autre avec ces termes. *Attendu mémement, que Monfeigneur Duc de Longueville, de la fucceßion duquel eft queftion, étoit décedé ab inteftat, & fans hoirs de fon Corps.*

Ces mots, attendu qu'il étoit décedé ab inteftat, font une reconnoiffance publique &
pré-

précife , qu'il pouvoit faire un Teftament , &
difpofer de la Souveraineté de Neufchâtel ; autrement la claufe feroit abfurde ; mais il y auroit encore une plus grande abfurdité de le dire.

Aprés la mort de M. le Comte de S. Pol
arrivée au mois de Juin 1 6 7 2. Mad. la Ducheffe
de Nemours demanda l'Inveftiture de la Souveraineté de Neufchâtel , en vertu du Teftament Olographe du défunt en datte du 11. Avril
1 6 7 2.

Elle fe fondoit fur ce que Mfr. le Comte de
St. Pol, aprés avoir legué la fomme de 500000. là
Charles Loüis d'Orleans fon fils naturel , par-
loit en ces termes : *J'efpére que Mad. la Ducheffe de Nemours, ma fœur & mon héritiére
ne défaprouvera pas cette difpofition.* Madame
la Ducheffe de Nemours prétendit que ces
mots *mon héritiére* emportoient une inftitution
d'héritier en fa faveur.

Madame la Ducheffe de Longueville, comme Mere & Curatrice de Monfieur l'Abbé d'Orleans fon fils , demanda auffi l'Inveftiture de la
Souveraineté ; parce que dans la donation que
M. l'Abbé d'Orleans en avoit faite à M. le Comte
de St. Pol fon Frere au mois de Mars 1668. il
avoit ftipulé le retour en cas qué Monfr. le

Comte de St. Pol mourût fans enfans légiti mes , & le cas prévû étoit arrivé.

Elle répondit au Teftament de M. le Comte de St. Pol, dont Madame la Ducheffe de Ne-mours vouloit fe prévaloir, non pas que la Sou-veraineté fût inalienable par Teftament ; Elle convenoit de l'alienabilité, mais elle difoit.

1°. Que ces termes, *ma fœur & mon héritiére* n'étoient qu'une fimple énonciation qui ne dif-pofoit pas, mais qui fuppofoit feulement que Madame la Ducheffe de Nemours pour-roit être héritiére de Monfr. le Comte de St. Pol ab inteftat. Et que le défunt n'avoit eu aucun deffein de l'inftituër héritiére par fon Teftament.

2°. Madame la Ducheffe de Longue-ville difoit, que quand même Mfr. le Comte de St. Pol auroit eu intention d'inftituër Mada-me la Ducheffe de Nemours fon héritiére , il n'auroit pû difpofer de la Souveraineté de Neuf-châtel , parce que Mfr. l'Abbé d'Orleans , en la lui donnant , avoit ftipulé qu'elle lui retourne-roit, en cas que M. le Comte de St. Pol mou-rût fans enfans : & que Mfr. le Comte de St. Pol avoit accepté la donation avec cette con-dition.

Par la Sentence du 17. Octobre 1672. Mef-fieurs des Trois Etats accordérent l'Inveftiture

aux

aux Srs. Fontenay & David, comme Procureurs de Madame la Duchesse de Longueville, au nom & comme Mere & Tutrice de M. l'Abbé d'Orleans son Fils, à l'exclusion de Madame la Duchesse de Nemours ; mais ils prirent soin d'en rendre deux raisons qui supposent également, que le Souverain de Neufchâtel peut disposer de la Souveraineté par Testament.

La 1re raison écrite dans la Sentence est, *qu'il n'y avoit aucune apparence, que défunt Monseigneur le Duc de Longueville son frere,* (c'est Mr. le Comte de St. Pol frere de Madame la Duchesse de Nemours) *ait eu intention de l'instituer son héritiére dans le Testament qu'elle a produit, n'y ayant qu'une simple énonciation, qui n'est pas accompagnée des formalités requises pour une institution d'héritier.*

La seconde est, *que d'ailleurs il ne pouvoit pas disposer de cet Etat par Testament, puisque Monseigneur le Duc de Longueville son frere aîné, à qui seul il appartenoit par la coûtume, avoit expressement reservé, en luy en faisant donation, qu'il lui retourneroit de plein droit, si Monseigneur son frere, qui l'accepta à cette condition, mouroit sans enfans.*

La 1re raison suppose nécessairement que s'il y avoit eu une institution d'héritier en bon-

ne

ne forme , & en termes expreſſiſs dans le Teſtament de Mſr. le Comte de St. Pol , la Souveraineté de Neufchâtel ſeroit tombée dans la
diſpoſition teſtamentaire.

La ſeconde ſuppoſe , que ſans la Clauſe de
retour ſtipulée dans la donation , M. le Comte
de St. Pol auroit pû valablement diſpoſer de la
Souveraineté de Neufchâtel par Teſtament.

Ces deux raiſons auroient été inutiles , &
l'on peut dire ridicules, ſi la Soůveraineté de
Neufchâtel avoit été abſolument inalienable, &
qu'il eût été impoſſible d'en diſpoſer par Teſtament.

Madame la Ducheſſe de Longueville qui
avoit interêt d'empêcher la diſpoſition de la
Soůveraineté de Neufchâtel par Teſtament, n'auroit pas manqué d'alleguer l'inalienabilité gé-
nerale de la Souveraineté comme un moyen dé-
ciſif , s'il avoit été veritable: au lieu d'en rechercher pluſieurs autres qui ſont rapportés dans la
Sentence.

Mais la maxime de l'alienabilité , ſous laquelle on avoit vécu depuis l'origine de la Souveraineté de Neufchâtel, & la connoiſſance que
tout le monde avoit des differentes alienations
qui avoient été faites, ſoit du tout, ou de partie , ſoit par Teſtament ou autrement , ne per-
met-

mettoient pas à Mad.[e] la Duchesse de Longueville, ni à ceux qui avoient soin de sa défense,
de penser à un moyen si contraire à la vérité.

Messieurs des Trois Etats eux-mêmes, bien
instruits de leurs propres maximes, étoient fort
éloignés de croire que la Souveraineté fût inalienable. Les raisons qu'ils ont expliquées
dans leur Sentence établissent précisément &
l'alienabilité en géneral, & en particulier la faculté de disposer par Testament

IV.[ème]. OBSERVATION.

PAr le Contract de Mariage de Madame la
Duchesse de Nemours de l'année 1657.
Msr. le Duc de Longueville son pere la fit re-
noncer à sa succession future, en faveur des
enfans qu'il avoit de son second lit, & pareillement à leur succession, moyennant une dot
de 500000. livres, il luy donna dans la suite un
supplément de 90000. livr. pour ratifier cette
renonciation.

Madame la Duchesse de Nemours renonçoit par ce moyen à la Souveraineté de Neufchâtel, qui devoit luy appartenir comme fille
du 1.er lit de M. le Duc de Longueville son pere;
& elle y renonçoit moyennant un certain prix,
& en faveur d'une personne certaine.

D

Une

Une rénonciation de cette qualité est une espéce d'aliénation : Elle participe même à la vente, dont la substance consiste dans la chose, le prix, & le consentement.

Madame la Duchesse de Nemours recevoit dans sa rénonciation le prix de la Souveraineté de Neufchâtel; ce prix plus, ou moins fort, ne change point la nature de l'Acte, & n'empêche point l'aliénation en général. En effet il paroit dans la Sentence du 17. Octobre 1672. que la rénonciation de Madame la Duchesse de Nemours fut un des moyens qui servit pour lors à décider contre Elle.

Véme. OBSERVATION.

ENtre les Concurrens de Monseigneur le Prince de Conti pour la Souveraineté de Neufchâtel, il y en a plusieurs qui sont forcés de supposer l'aniénabilité, soit pour établir leurs prétentions, soit pour se répondre les uns aux autres.

M. l'Electeur de Brandebourg prétend, qu'en 1288. Rolin ou Raoul de Neufchâtel transporta la Souveraineté de Neufchâtel à Rodolphe d'Habsbourg Empereur, à la charge qu'il la donneroit à Jean de Châlons : il dit que Jean de Châlons l'ayant reçûë de l'Empereur,

il

il en investit dans la même année le même Rolin ou Raoul de Neufchâtel.

Il y a trois sortes d'alienations dans ce trait d'Histoire.

La premiére est le transport que Rolin de Neufchâtel fit de sa Souveraineté à l'Empereur Rodolphe.

La seconde est la donation que l'Empereur en fit à Jean de Châlons.

La troisiéme est l'inféodation que Jean de Châlons en donna à Rolin de Neufchâtel.

Son Altesse Electorale employe dans son Mémoire plusieurs autres moyens, comme des Testaments & des substitutions qui dépendent tous de l'alienabilité, & qui servent à l'établir.

M. le Comte de Matignon a fait une réponse particuliére à M. l'Electeur de Brandebourg.

Entre les differents moyens qu'il lui oppose, il y en a deux principaux, qui sont trésavantageux a M. le Prince de Conti, & qui prouvent parfaitement l'alienabilité.

Le 1er est expliqué dans les pages 25. & 26. de sa Réponse. Il dit que si les droits de la Maison de Châlons sur le Comté de Neufchâtel subsistoient encore aprés la mort de Phil-

D 2

bert

bert de Châlons, ils ont appartenu aux Ducs de Longueville·Defcendans d'Alix de Châlons, en vertu des fubftitutions graduelles & per-petuelles, appofées aux Teftaments de Jean de Châlons du 21. Octobre 1417. & de Marie des Baux Princeffe d'Orange du 22. May 1416.

M. de Matignon reconnoit icy la validité des difpofitions teftamentaires dans la Sou-veraineté même de Neufchâtel : les fubftitu-tions font des maniéres d'aliéner: Celles dont il parle font faites par deux Teftaments confecutifs qui fuppofent l'ufage & qui le prouvent en même temps. Par confequent la Souveraineté de Neufchâtel eft alienable en général , & alienable en particulier par Teftament.

L'autre moyen de M. de Matignon eft expliqué dans les pages 39. 40. & fuivantes de fa réponfe.

Il dit que la Maifon de Châlons a perdu fes droits par prefcription, que la prefcription a commancé en l'année 1457. & que depuis 250. années , elle s'eft accomplie plufieurs fois.

La Réponfe de M de Matignon eft per-emptoire , & la prefcription fur laquelle il fe fonde eft un moyen indubitable.

Mais la prefcription qu'il allegue avec tant

de

de raison, établit le Droit de Monseigneur le Prince de Conti, c'est-à-dire l'alienabilité.

La préscription est une des voyes d'aliener suivant les Loix, on perd, & on aliene ses biens par préscription, de même que par une vente ou par une donation.

C'est pourquoi la Loi 28. ff. de *verborum significatione* dit : *Alienationis verbum etiam usucapionem continet : vix est enim ut non videatur alienare, qui patitur usucapi.*

C'est aussi une maxime que ce qui est inalienable est imprescriptible, & que la préscription ne court point contre les mineurs, parce qu'ils ne peuvent aliener.

Depuis la Réponse de Mr. de Matignon, Made la Duchesse de Lesdiguieres en a fait une aussi à M. l'Electeur de Brandebourg, non seulement elle allegue la préscription comme M. de Matignon, mais même elle a pris soin de fortifier ce moyen par des raisons, par des authorités, & par des exemples.

Elle dit à la page 19. que *la qualité féodale n'est pas un obstacle à la préscription, parce que comme les Fiefs peuvent s'acquerir par la possession, ils peuvent se perdre aussi par la même voye.*

Elle ajoûte que *les Princes n'ont pas moins*

de

de droit que les particuliers de se prévaloir de la possession : & Grotius remarque, dit-elle, que si ce secours est utile pour les particuliers, il ne l'est pas moins pour les Etats Souverains.

Si la préscription est un moyen de perdre pour l'un, & d'acquerir pour l'autre, il est indubitable que c'est un moyen d'aliener. Et si cette forte d'alienation a lieu dans la Souveraineté de Neufchâtel, comme M. de Matignon & Madame de Lesdiguieres le soûtiennent, il s'ensuit que cette Souveraineté est alienable.

Outre le moyen général de la préscription, il en est échappé un autre à Mad^e la Duchesse de Lesdiguieres en faveur de l'alienabilité par Testament.

En l'année 1457. Jean de Fribourg, Comte de Neufchâtel mourût sans enfans : il fit un Testament, par lequel il instituä Rodolphe d'Hochberg pour son héritier.

Rodolphe d'Hochberg obtint un decret pour posseder Neufchâtel en vertu du Testament de Jean de Fribourg.

Il y eût pour lors de grandes contestations entre Loüis de Châlons Prince d'Orange, & Rodolphe d'Hochberg, au sujét du Comté de Neufchâtel. Chacun d'eux y prétendoit, & se plaignoit des troubles & des vexations de l'autre.

Loüis

Loüis de Châlons soûtenoit la nullité du Testament, mais ce Testament fût confirmé, & Loüis de Châlons condamné aux dépens.

La question fût jugée deux fois en faveur du Testament de Jean de Fribourg & de Rodolphe d'Hochberg son héritier ; sçavoir en premiére instance par l'Official de Bezançon ; & sur l'appel par l'Empereur & par le Pape.

Madame la Duchesse de Lesdiguieres r'apporte dans la page 16. de sa Réponse la Sentence de l'Empereur & du Pape de l'année 1458. mais comme elle a jugé à propos de ne la r'apporter qu'en Latin & que Msgnr. le Prince de Conti a interêt que tout le Païs l'entende, & qu'on voye ce qui a été jugé au sujét de l'alienabilité, voicy la traduction en François.

Nous aprés avoir pris conseil, par cette sentence difinitive que nous rendons sur nôtre Tribunal, ayant Dieu seul devant les yeux, prononçons dans cét Ecrit, statuons, & déclarons que les oppositions, les chicannes, les vexations, les troubles, & les empêchements, ont été faits par l'Illustre Seigneur de Châlons Prince d'Orange, au Seigneur Rodolphe Marquis d'Hochberg, sur & à l'occasion de la prétendüe nullité de l'ouverture & de la publication du Testament de feu Noble Seigneur Jean,

Comte

Comte de Fribourg & de Neufchâtel ; & du decret de possession qui lui a été accordé par le vénérable Official de Bezançon , en vertu du même Testament dans la Cause dont il s'agit. Et que les oppositions , vexations , & troubles, sont temeraires , illicites , iniques , sans raison , & injustes. Et sur ce nous imposons un silence perpetuel au Seigneur Loüis de Châlons : & nous le condamnons aux dépens de la présente Cause envers ledit Seigneur Rodolphe Marquis , dont nous nous reservons la taxe.

Le Dispositif de cette Sentence r'enferme plusieurs Circonstances qui sont trés-favorables aux droits de M. le Prince de Conti. Il paroît.

1° Que Jean de Fribourg Comte de Neufchâtel n'ayant point d'enfans fit un Testament en faveur de Rodolphe d'Hochberg , M. l'Abbé d'Orleans dernier Duc de Longueville & Souverain de Neufchâtel , étoit dans la même situation quand il fit son Testament du 1ʳ Octobre 1668. en faveur de M. le Prince de Conti. Si l'on dit que Rodolphe d'Hochberg étoit Cousin issu de Germain de Jean de Fribourg Testateur , M. le Prince de Conti étoit Cousin Germain de M. l'Abbé d'Orleans.

Si l'on oppose que M. l'Abbé d'Orleans avoit une héritiére presomptive plus proche que
M. le

M. le Prince de Conti, Jean de Fribourg avoit aussi un héritiér presomptif plus proche que Rodolphe d'Hochberg, sçavoir un Cousin Germain, ainsi ou les deux espéces sont égales, ou ce qu'il y a d'inégal tourne à l'avantage de M. le Prince de Conti.

2°. Le Testament de Jean de Fribourg fût contesté. Loüis de Châlons Prince d'Orange prétendit que le testateur n'avoit pû disposer de Neufchâtel à son préjudice : Mais l'Official de Bezançon juge des Parties, sans avoir égard aux prétentions de Loüis de Châlons, accorda le decret de la possession, c'est-à-dire la pleine maintenuë, à Rodolphe d'Hochberg.

3°. Rodolphe d'Hochberg fût maintenu non pas comme héritier ab intestat de Jean de Fribourg ; mais en vertu de son Testament, *in vim ejusdem testamenti*. Ce sont les termes de la Sentence.

4°. Il y eût appel de cette Sentence, mais elle fût confirmée avec dépens par l'Empereur & le Pape.

On peut dire qu'il n'y eût jamais un Jugement plus solemnel, mais en même temps on ne peut en souhaiter un ni plus précis, ni plus favorable pour M. le Prince de Conti.

Les Loix disent, que quand il s'agit de l'u-

sage

fage d'un pays, il faut voir fi la queftion ne s'eft point préfentée, & fi l'ufage n'a point été confirmé par quelque Jugement contradictoire. *Cùm de confuetudine Civitatis vel Provinciæ confidere quis videtur : primum quidem illud explorandum arbitror, an etiam contradictorio aliquando judicio confuetudo firmata fit. L. 34. ff. de Legibus.*

M. le Prince de Conti a le titre pour luy, ainfi la préfomption de la Loi eft en fa faveur.

L'effet de la préfomption eft de difpenfer de la preuve, & d'en réjetter la néceffité fur les adverfaires : M. le Prince de Conti pourroit donc en fûreté attendre qu'on l'attaquât par des exemples contraires ; Mais fon droit eft fi bien fondé, qu'il n'a pas voulu fe rétrancher dans une pure défenfe : Il trouve même des armes chez fes Ennemis.

M. l'Electeur de Brandebourg, M. de Matignon, & Mad.e la Ducheffe de Lefdiguieres luy en fourniffent : Ils fuppofent tous l'alienabilité comme une maxime certaine ; & même ils l'établiffent malgré eux dans leurs écrits. Il fuffit de les employer contre eux-mêmes. Ils ont travaillé tous pour M. le Prince de Conti.

Monfr. le Prince de Bade - Dourlac a fait la même chofe. Il envoya un de fes Miniftres en

1694. à Neufchâtel, pour alleguer fon droit &
fes prétentions fur la Souveraineté de Neufchâtel. Il fe fondoit fur un ancien paĉte de con-
fraternité de l'année 1490. fait entre Chriftophle
de Bade, & Philippes d'Hochberg, pour fucce-
der les uns aux autres, & pour transferer les
biens d'une maifon dans l'autre au défaut d'enfans mâles.

On ne peut douter que ces fortes de paĉtes
n'emportent alienation, & qu'ils ne foient fem-
blables à des difpofitions de derniére volonté.

Ainfi M. le Prince de Bade-Dourlac convient
auffi de l'alienabilité. C'eft le fondement de fon
Syftême. On peut dire qu'une propofition eft
bien certaine, quand ceux qui ont interêt de la
combattre font néanmoins forcés d'en convenir.

VI^{éme}. OBSERVATION.

LE Teftament de feu Mfr. l'Abbé d'Orleans
dernier Duc de Longueville, Souverain de
Neufchâtel, fait en faveur de M. le Prince de
Conti, eft un Teftament folemnel, paffé à Lion,
en préfence d'un Notaire & de huit têmoins,
le premier Octobre 1668.

L'execution de ce Teftament a été ordon-
née par Sentence contradiĉtoire renduë avec
Madame la Ducheffe de Nemours, aux re-

 quêtes

quêtes du Palais à Paris le premier Août 1697.

La Sentence des requêtes du Palais a été confirmée par un Arrêt contradictoire du Parlement de Paris du 13. Decembre 1698.

Or suivant les Traittés d'Alliance faits entre la France & le Loüable Corps Helvetique, on execute reciproquement dans un Pays les Jugemens rendus dans l'autre.

M. le Prince de Conti a même obtenu des Lettres du grand Sçeau du Roi en date du 9. Janvier 1699. qui sont attachées au Testament, à la Sentence, & à l'Arrêt, & qui aprés en avoir ordonné l'exécution dans toutes les terres de l'obéïssance du Roi portent cette Clause.

Prions & requerons tous Princes & Seigneurs étrangers de permettre, & favoriser en leurs Principautés, Terres, & Seigneuries de leur obéissance, l'exécution de ladite Sentence & Arrêt, & faire en cette occasion tout ce que nous ferions en pareil cas, s'ils nous en requeroient.

La Sagesse de Messieurs de Neufchâtel ne permettra pas sans doute, qu'on réjette les Arrêts du Parlement de Paris, & les Lettres du grand Sçeau de Sa Majesté ; ce seroit déroger à une des principales Clauses de nôtre Alliance.

La raison de réciprocité feroit, qu'on ne réconnoîtroit plus en France les Jugements de Neufchâtel.   M. le

M. le Prince de Conti pourroit se renfermer avec confiance dans les observations qu'on vient de faire ; Mais comme son Droit est indubitable, de quelque côté qu'on l'éxamine, il veut approfondir la question de l'alienabilité. Il ne se contente pas de persuader ses Juges, il veut encore convaincre ses propres adversaires, si leur interrêt laisse place à la raison.

M. le Prince de Conti est fondé dans le droit commun, suivant lequel tout ce qui fait partie de nos biens peut être aliené, donné, & legué par nous. C'est sur ce principe que se sont formées ces grandes régles du droit, *Unusquisque rei suæ moderator & arbiter ; Uti paterfamilias super re familiavè sua legasset, ita jus esto.*

Ce droit commun a même son fondement dans le droit naturel ; c'est-à-dire, dans la liberté, qui est née avec nous, de disposer de ce qui est à nous. Nos héritiers peuvent bien succeder aux Domaines que nous laissons ; mais ils ne peuvent nous obliger, malgré nous, à les leur laisser. Les successions sont du droit civil, la liberté est du droit naturel, & les Loix ne disposent de

G

nos

nos biens, que quand nous n'en avons pas dif-posé nous - mêmes ; ou pour mieux dire , la Loi n'en dispose dans la succession ab inteftat , que suivant la préfomption de nôtre volonté.

C'est pourquoi le fçavant Grotius dans son Traité *de Jure Belli & Pacis* , *l. 2. c. 7. §. 3.* dit, que la succession ab inteftat tire son origine de nôtre volonté. *Succeßio ab inteftato , remotâ omni lege civili , ex conjecturâ voluntatis na-turalem habet originem.*

Il dit au §. 10. n. 2. que cette succession n'eft autre chofe qu'un Teftament tacite du défunt, en faveur de son héritier. *Succeßio ab inteftato nihil aliud eft quàm tacitum Teftamentum ex volun-tatis conjecturâ.*

Ces belles Maximes ont leur fondement dans les Loix, qui difent, que celuy qui meurt ab in-teftat, & fans avoir difpofé de fes biens, eft cenfé en avoir difpofé en faveur de son héritier ; parce qu'il avoit la liberté de les luy ôter par Teftament. *Intelligitur dediffe quod non ademit. L. 8. §. 1. ff. de Jure Codicillorum. L. 1. §. 6. ff. de Legatis 3°* Et au chap. 9. §. 1. il dit que la Succeffion ab inteftat eft une alienation tacite. *Alienatio tacita , qualis eft in fucceßionibus ab inteftato.* Con-

Contre cette liberté naturelle, il faut une Loi qui défende d'aliener; comme remarque trés-bien Bœclerus dans son Commentaire sur Grotius, en parlant des Royaumes patrimoniaux, dont le Roi ne peut pas disposer de plein droit. * *Il faut, dit-il, qu'il y ait une Loi fondamentale, qui dise, par exemple, Le Roi a toute autorité & tout pouvoir dans le Royaume, excepté la faculté de l'aliener; ou bien, Le Roi ne pourra l'aliener sans le consentement du Peuple; ou bien encore, Le Roi jouïra des Droits Royaux, & la faculté d'aliener le Royaume apartiendra au Peuple.* Mais où est cette Loi fondamentale dans Neufchâtel? C'est une exception contre le droit commun; c'est donc à ceux qui l'alleguent à la prouver & à montrer la prohibition : car comme disent les Docteurs, *Posito dominio ponitur alienatio, nisi res alienari sit prohibita.*

Qu'on nous montre donc une Loi générale, qui dise, que toute Souveraineté est inalienable; ou une Loi particuliére, qui dise, que celle de Neufchâtel ne peut être alienée.

Quelques efforts que puissent faire les adversaires de M. le Prince de Conti, ils ne feront voir ni cette Loi générale, ni cette Loi

G 2

parti-

* In regnis quæ non plenè habentur, debet in legibus quas fundamentales vocant, dici: Habeat Rex imperium in omnes & omnia, excepta facultate alienandi: *Vel cum adjectione*, nisi cum populi consensu. *Aut*, Rex sit jure Regio, sed facultas alienandi ad populum spectet. *Bœclerus in Grot. lib. 2. cap. 6.*

particuliére. Il faut donc qu'ils cedent au droit commun , & cet argument suffiroit seul pour la défense de M. le Prince de Conti.

Mais M. le Prince de Conti veut bien n'en pas demeurer là ; Et comme on a affecté de prévenir le Public , en publiant *l'inalienabilité* prétenduë , sans la prouver ; il espére par une conduite toute opposée , convaincre le Public de la vérité *de l'alienabilité* , en la prouvant.

Pour faire cette preuve avec ordre ; on fera voir premiérement, qu'il n'est point vray, (comme on a voulu le persuader dans beaucoup d'écrits répandus) que toute Souveraineté en général & par sa nature soit inalienable.

On

On fera voir enfuite, qu'en particulier celle de Neufchatel peut être alienée, & qu'elle l'a fouvent efté.

PREMIERE PROPOSITION.

Qu'il n'eft point vray en general, que toute Souveraineté foit inalienable.

Dire qu'en general toute Souveraineté eft inalienable, c'eft un paradoxe qui fe refute par les principes & par les exemples.

Quant aux principes, toutes les Souverainetez ne font pas de même nature, & par confequent les unes peuvent eftre inalienables, & les autres ne l'eftre pas.

Pour en faire le difcernement, il faut fupofer d'abord la divifion generale & vulgaire des Souverainetez en *Electives* & *Succeffives*.

La Souveraineté *Elective* confifte dans le droit que le Peuple s'eft refervé, en la conferant, de la conferer toûjours; & il y en a de deux fortes.

Les unes, où l'élection eft libre & abfoluë, que les Docteurs appellent *voti liberi*, où le choix n'eft aftraint, ni à certaine Nation, ni à certaine Famille, & où les Elifans font choix de telle perfonne qu'ils en trouvent digne, foit dans le Païs même, foit au dehors: Telle eftoit autrefois la Royauté chez les Carthaginois, tel a efté & eft encore à prefent le Royaume de Pologne.

Les autres, que les Docteur fappellent *voti reftricti*, où l'élection eft reftrainte à la Nation même, comme la Royauté des Romains.

Les Souverainetez *Electives* , foit de l'une , foit de l'autre efpece, ne peuvent eftre alienées , parce que telle eft la conftitution de ces Etats ; que les Peuples en fe foumettant à un Prince , fe font refervé le droit de le choifir, & qu'en un mot la Souveraineté ceffe-roit d'eftre élective, fi celuy qui ne la tient que de la volonté & de l'élection d'autruy, pouvoit fe choifir luy-même un fucceffeur, contre le droit des Elifans.

Quant aux Souverainetez *Succeffives*, il faut avec nos meilleurs Auteurs en diftinguer de deux fortes.

Les unes, qu'ils appellent purement *Succeffives & Ufufructuaires*.

Les autres,qu'ils appellent *Hereditaires & Patrimo-niales*. Celles-là font déferées par le feul droit du fang, par une efpece de fucceffion neceffaire & de fubfti-tution perpetuelle , foit en faveur des mâles feuls, comme le Royaume de France , foit en faveur des filles au defaut des mâles, comme l'Efpagne, l'An-gleterre & la Suede.

Celles-cy au contraire , fe déferent & fe tranfmet-tent par droit d'heredité, comme tout autre patri-moine ; Et c'eft par cette raifon qu'on les appelle *Hereditaires & Patrimoniales* , comme le Royaume d'Arragon , celuy de Majorque, & plufieurs autres, dont il fera parlé dans la fuite.

Cette diftinction, dont tous les Docteurs convien-nent, eft tres-clairement expliquée par du Moulin: Il cite pour exemple d'une Souveraineté *purement Succeffiv* le Royaume de France,à la difference de tant d'autres Etats, qui font hereditaires & patrimoniaux. *En France* (dit ce grand homme) *la fucceffion du Royau-*

me n'est point hereditaire ou patrimoniale ; c'est une simple succession ou subrogation de l'aîné ou plus prochain mâle, à qui le Royaume appartient, par la Loy & la Coûtume du Royaume, non par droit hereditaire & patrimonial, mais par le seul droit de filiation & du sang ; en telle sorte que le Roy n'en peut pas disposer par Testament.

Ainsi la Souveraineté *purement Successive* est de sa nature inalienable ; parce que le Souverain ne la tient, qu'avec la charge de la remettre à son Successeur, par une subrogation ou substitution legale : C'est la Loy qui luy donne ce Successeur, il n'est pas à son pouvoir de s'en choisir un autre, ni entre les étrangers, ni entre les Parens, ni même entre ses Enfans, de même que dans les substitutions ordinaires, l'institué ne peut se faire un autre heritier, ni transferer le droit par aucune disposition à un autre qu'au substitué.

C'est par cette raison aussi que ces Souverainetez *purement Successives* sont appellées *Usufructuaires*, parce que le possesseur n'en a veritablement que l'administration & l'usufruit, & non la proprieté ni la disposition.

La Souveraineté *Hereditaire & Patrimoniale* au contraire est susceptible de toute alienation ; par Donation, par Testament, par toute autre disposition, de même que les autres patrimoines : Le Souverain peut se donner un successeur, même entre les Etrangers ; il peut à plus forte raison (& sur tout quand il n'y a point d'enfans) preferer dans sa famille un parent plus éloigné à tous les autres, quoyque plus proches. * *Si c'est* (continuë du Molin) *un Royau-*

In Regno Franciæ, non habetur successio hereditaria, sive patrimonialis; sed simplex successio, sive subrogatio primogeniti vel proximorisaguati, cui Regnum debetur, ex sola lege vel consuetudine Regni, à qua sola jus accipit, & non à patre vel alio predecessore, sed à lege Regni ; unde nec patrimoniale ; sed merè iure filiationis vel sanguiniscompetit: ita quod Rex non posset deRegno testari. *Molin. Conf Par.* §. 8 *gl.* 3. *n.* 8.

* *Si autem esset Regnum quod iure hæreditario deferetur, qualia sunt Regnum Arragonum, Regnum Maiorica-*

le Peuple qui s'eſt rendu à la diſcretion du Conque-
rant, n'a pas demandé la condition, ou que le Con-
querant n'a pas voulu l'accorder.

De cette diſtinction, comme d'un principe univer-
ſel, Grotius tire dans tout le cours de ſon Traité, les
divers caracteres & les differens effets *des Souverainetez Patrimon'ales & des Uſufructuaires.* On peut les re-
duire à quatre differences eſſentielles pour nôtre ſu-
jet, & qui s'appliqueront parfaitement aux uſages
Particuliers de la Principauté de Neufchatel.

La premiere difference regarde *la Succeſſion ab in-
teſtat,* & ſur ce point Grotius propoſe entr'autres deux
queſtions remarquables, qu'il reſout par nôtre diſtinction.

La premiere, ſi le Royaume peut étre partagé entre les enfans ou autres heritiers? Et voicy comme il
la decide; *Si le Royaume eſt patrimonial, il eſt de droit
diviſible, & les filles mêmes y ont part. s'il n'y a une loy
ſpeciale qui s'y oppoſe : S'il n'eſt pas patrimonial, il n'eſt
pas diviſible.*

Or dans ces Etats patrimoniaux; ſi par une Loy
particuliere il a eſté arreſté que le Royaume ne ſeroit pas diviſé; *Si dictum ſit ne dividatur Regnum,* en ce
cas l'aîné mâle, & au defaut de mâles la fille aînée y
ſuccede; mais à la charge de recompenſer ſes cohe-
ritiers par eſtimation de la valeur de leurs parts; de
même à peu prés que nous en uſons dans nos Fiefs de
dignité, que nous appellons impartables; & dans leſ-
quels neanmoins l'aîné doit donner aux puiſnez leur
part, ou en nature, ou en eſtimation.

Si le Royaume n'est pas patrimonial, bien qu'il ait esté fait successif, par le libre consentement du peuple ; en ce cas, *ex præsumpta populi voluntate,* le Royaume est indivisible, parce que le peuple en déferant le Royaume, est censé avoir voulu ce qui estoit le plus avantageux, & que le Royaume non divisé subsiste mieux.

La seconde question proposée par Grotius ; *Si le fils qui devroit succeder au Royaume, peut-on estre exclud par exheredation ?* Et voicy la resolution; *Si c'est un Royaume patrimonial ou alienable, l'exheredation aura lieu ; Si c'est un Royaume inalienable & non patrimonial, l'exheredation sera nulle.*

La raison en est bien naturelle; Dans les Royaumes patrimoniaux, comme on peut instituer un successeur par Testament, on peut aussi l'exhereder. Dans les Royaumes non patrimoniaux, au contraire, comme c'est la Loy seule, ou la volonté du Peuple qui dispose, on ne peut exhereder le successeur de même qu'on ne peut l'instituer.

La seconde difference regarde *la Regence* ou *la Tutelle ;* lorsque le Roy ou le Prince, soit par sa minorité, ou par son infirmité, est hors d'estat de s'acquiter du Gouvernement: A qui dans cette occasion appartiendra-t-il de donner la Tutelle, ou au Peuple, ou à la Famille ? Il faut distinguer les Royaumes patrimoniaux de ceux qui ne le font pas; *Dans les Royaumes non patrimoniaux, la Regence appartient à ceux à qui la Loy du Pays ou le choix des Peuples la défere ; Mais*

Quæritur an filius à patre exhæredari possit, ut ne in Regnum succedat ? in quo distinguenda sũt Regna alienabilia à non alienabilibus, nam in alienabilibus dubiũ non est quin exhæredatio procedat, cũ a bonis aliis nil differát. Sed in non alienabilibus idem non procedat. *Grot. lib. 2. cap. 7. §. 25. & 26.*

Dum Rex ætate aut morbo fungi potestate suâ impeditur ; In Regnis quæ non sunt patrimonialia, tutela eorum est quibus lex publica, aut eâ deficiente, consensus populi eam mandat. In Regnis verò patrimonialibus, quos pater aut propinqui elegerint. *Grot. lib. 1. cap. 3. §. 15.*

dans les Royaumes patrimoniaux, la Tutelle se donne à ce-luy que le Pere ou les Parens auront choisi.

La Troisiéme difference concerne *les Contracts & les hypoteques du Prince.* On demande si le Prince peut en contractant engager ses successeurs ? Grotius y répond par la même distinction. *Si c'est un Royaume hereditaire & patrimonial, l'heritier soit testamentaire, soit ab intestat, qui succede au Royaume comme au patrimoine, est chargé des dettes du Prince predecesseur.*

Si c'est un Royaume purement successif comme le successeur ne tient pas son droit du predecesseur ; mais de cette substitution legale & perpetuelle que le Peuple y a attachée, il n'est point tenu de ses dettes ni de ses faits.

La quatriéme difference regarde *la faculté même d'aliener & de disposer.* Si le Royaume n'est pas patrimonial, comme le Prince en ce cas ne le tient que du choix & du consentement du Peuple, l'alienation ne luy en est pas permise ; & pour en disposer, il faut que deux consentemens concourént.

Celuy du Peuple, parce que *dans les Royaumes que l'on ne tient que de la volonté & du choix du Peuple, on ne presume pas que le Peuple ait voulu permettre au Roy la libre alienation de son Royaume.*

Et celuy du Roy même, parce qu'il a interest du moins comme usufruitier, que *son usufruit ne luy soit pas osté malgré luy.*

Veniamus ad successore, de quibus adhibenda distinctio est ; sint ne omnium bonorum hæredes, ut qui Regnum quod in patrimonio est, testamento vel ab intestato accipiunt: an successores Regni duntaxat putat ex electione nova &c. nam qui bonorū omnium ita ut Regni hæredes sunt, quin promissis & contractibus teneantur, dubitandum non est ; pro debitis etiam personalibus bona defuncti ut obligata sint, ipsi rerum dominio coævum est. *Grot. lib.* 2. *cap.* 14. §. 10.

In his Regnis quæ populi voluntate delata sūt concedo non esse præsumendum câ fuisse populi voluntatem, ut alienatio Imperii sui, Regi permitteretur, *Grot. lib.* 1. *cap* 3. §. 11. Quod ei invito auferri non debet. *Ibid.*

*Sicut autem res aliæ, ita & imperia alienari possunt ab eo cujus in dominio vere sunt, id est à Rege si Imperium habeat. *Grot. lib.* 2, *cap.* 6. § 3.

Imperium aut totum, aut ejus partem, Reges quales sunt nunc plerique Regnum habentes non in patrimonio, sed tanquam in usufructu, paciscendo alienare non valent. At in Regnis patrimonialibus, quominus Rex Regnum alienet nihil impedit. *Grot. lib* 3. *c.* 20. § 5. *art.* 3.

* Illud quoque sciendum est cum de alienatione agimus, sub eo genere nobis etiam testamērum comcomprehendi. Quāquam enim testamentum, ut actus alii formā certam accipere possit à jure civili, ipsa tamen ejus substantia cognata est dominio, & eo dato iuris naturalis. *Grot. lib.* 2. *c.* § 14.

Jus Regni semel alicui partum per successionem, aut in

---

* *Mais si le Royaume est patrimonial, le Prince qui le tient jure proprio, a la pleine liberté de l'aliener comme son patrimoine.*

C'est par cette même distinction que cet Auteur resout la question de sçavoir, *Si le Prince par un Traité de Paix, peut aliener son Royaume en tout ou en partie? Il ne le peut s'il n'est qu'usufruitier; il le peut s'il est proprietaire.*

Entre les manieres d'aliener, Grotius comprend la disposition par Testament; & il en rend cette belle raison; * *Qu'encore que le Testament, comme tous les autres Actes, reçoivent leur forme particuliere du Droit Civil, neanmoins leur substance,* c'est-à-dire la liberté de disposer, *est de droit naturel.* Et comme on peut aliener son patrimoine par disposition entre-vifs, on peut pareillement & à plus forte raison l'aliener par disposition à cause de mort, & avec liberté de revoquer. *Et ce dernier genre d'alienation,* dit Grotius, *n'est autre chose qu'un Testament.*

Voila les grandes maximes attestées par cet homme consommé plus qu'aucun autre dans la science du Droit public; Tous les autres Auteurs qui ont traité des choses politiques, sont dans les mêmes principes.

Pufendorf, dont l'autorité dans les Matieres de Droit public, suit de prés celle de Grotius, s'en explique en ces termes: *Le droit de la Royauté estant une fois acquis & conferé à quelqu'un par succession, se continuë à sa posterité; Or cette succession s'établit ou par la volonté*

du

du Roi même, ou par celle du Peuple ; Les Rois qui ont leurs Royaumes en patrimoine, ont par cette raison droit d'en disposer comme il leur plaira, & la declaration qu'ils font sur cela de leur volonté, ne doit pas moins estre suivie que le Testament d'un pere de famille particulier ; Ainsi dans ce cas (c'est-à-dire dans le cas du Royaume patrimonial) Le Roi pourra partager son Royaume par partions égales entre ses enfans, sans considerer la difference des sexes ; Il pourra même, au défaut d'enfans legitimes, le transferer à son enfant naturel ; C'est ainsi qu'Alfonse Roi d'Arragon, confera le Royaume de Naples, qu'il avoit conquis, à Ferdinand son fils naturel.

aliquem collatum, in posteris eius continuatur. Est autem ipsa successio constituta, vel arbitrio ipsius Regis, vel arbitrio populi. Regibus qui Regna sua in patrimonio habent, jus quoque competit pro lubitu super successione disponendi, qui ubi expressè circa eandem voluntatem suam declararunt, illa utique non minùs quàm privati patris familias testamentum fuerit

sequendum ; Quo casu poterit Rex, illud suum Regnum æquis portionibus inter plures liberos dividere, etiam non considerato sexus discrimine, ac transferre illud, legitimis deficientibus, in naturalem filium. Ita Alfunsus Arragoniæ Rex, Regum Neapolitanum, bello partum, in filium suum naturalem contulit. *Pufendorf. de Iur. Nat. & Gent. lib.* 7. *cap.* 7. §. 11.

Besolde, dans ses Dissertations politiques, ramasse toute cette doctrine des Royaumes hereditaires & patrimoniaux, en ces termes : [a] *Dans les Etats patrimoniaux le Prince peut, par Testament & par tout autre Acte de derniere volonté, disposer de son Royaume, comme il luy plaist ; même se faire un heritier & un successeur par adoption.*

[a] In hæreditario Imperio, testamento vel simili alio ultimi elogii genere, de Regno suo disponere pro arbitratu arrogatione aut adoptione filium sibi facere, potis est Princeps. *Besold. Diss. P. lit.* 2. §. 2.

[b] *Il peut le donner, le vendre, le constituer en dot ; il peut même (s'il n'y a point de Loi expresse au contraire) choisir pour successeur un étranger :* Ainsi rien n'empêcha l'Empereur Nerva, d'appeller aprés luy Trajan Espagnol de nation, quoy

[b] Donare, cessione dare vel in dotem datione transferre licet patrimoniale Regnum. *Idem* §. 4. Leges etiam ni

prohibeant fundamentales, tum quoque poterit nominari peregrinus ; sic non deterruit Nervam, quod Traianus homo Hispanus, qui nec Italus nec Italicus erat, quoque ante eum alterius nationis nemo obtinuerat Imperium Romanum *Idem §.8.post Dionis. Hist. Rom. 68.*

a Integrum est Principi, in hæreditario Regno, libero quem velit voto, ex suis eligere filiis, dubitatione vacare dicunt: Et in Historiis undique sunt obvia exempla iudicii parentum in designando sibi successore qui placuerit ex filiis, liberrimi omninò; sanè Pirrhus ei qui ex filiis suis gladium habuerit magis acutum, Regnum se relicturum spopondit. Et Comes quidam Emdensis ex liberis dignissimum, hæredem nominavit. *Idem §.5.*

b Differentia ponitur inter Regnum hæreditarium & legitimum, quod ubi iure hæreditario succeditur, potest pater filium exhæredem facere, vel proximiorem agnatum excludere Regno & alium hæredem Regni instituere.

qu'il ne fût ni né, ni originaire d'Italie, & quoy que nul Etranger avant luy, n'eût esté élevé à l'Empire Romain.

a *Il peut, sans aucun doute, élire entre ses enfans celuy qu'il veut. Les Historiens sont pleins d'exemples de cette liberté des peres à se designer pour successeur, celuy des enfans qu'ils trouvent à propos de preferer; C'est ainsi que Pyrrhus promit de laisser son Royaume à celuy de ses enfans qui auroit l'épée la plus aiguë; C'est de cette maniere aussi qu'un certain Comte d'Emden nomma pour successeur celuy de ses enfans qu'il en avoit jugé le plus digne.*

Cabot dans ses disputes du Droit public, renferme toute nostre distinction en peu de paroles; b *Il faut faire difference entre le Royaume hereditaire & le successif; Quand le Royaume est hereditaire, le pere peut exhereder son fils, exclure du Royaume son parent le plus proche, & instituer tout autre pour heritier de son Royaume; mais quand le Royaume est déferé par la Loi ou par la Coûtume (c'est* ce que nous appellons successif) *le pere ne peut en exhereder son fils; parce qu'alors, le fils ne tient pas le Royaume comme heritier de son pere, mais par un droit que la Loy ou la Coûtume luy donne.*

Zipæus regarde cette verité comme connuë de toutes les Nations & de tous les temps: c *Tous les Historiens* (dit-il) *de tous les siecles, & de toutes les Nations,*

re. Quoties autem lex vel consuetudo Regnum defert, non potest pater filium exhæredem facere, quia filius non recipit Regnum tanquam hæres patris, sed quoniam lex vel consuetudo Regnum ei dat. *Cabot. Disput. Iur. Publ lib. 1. cap. 14.*

c Regno olim data fuisse omium sæculorum, gentiumque Historiæ potestantur, datione, testa

assurent, que les Royaumes ont esté conferez par Testament, par dons, par adoption, par donation, par vente, par cession, par transaction. Et il en rapporte un grand nombre d'exemples.

Hornius, dans son Traité *de Civitate*, n'est pas moins précis: [a] *La succession d'un Royaume peut se transferer par la voye de la donation; Elle peut de même sans aucun doute s'acquerir par Testament, quoi que Crantzius regardant la Coûtume de son Païs, ait trouvé étrange une pareille disposition, faite par le Roi Unguinus. En un mot, continuë cet Auteur, l'élection faite par le Roi est parfaite, quand le Roi possede ses Royaumes en patrimoine.*

Schonborn, dans ses Oeuvres politiques, n'est pas moins affirmatif: [b] *Il est hors de toute controverse, que le Royaume peut s'acquerir par Testament, si celuy qui possede son Royaume en pleine proprieté en a fait un autre heritier; Il n'y a (ajoûte-t-il) que Crantzius seul qui en ait formé un doute.*

Gregoire Toulouzain, exprime tres-bien la même distinction du Royaume hereditaire & du successif, en ces termes: [c] *Autre chose est de succeder à un Prince défunt par le droit d'heredité; Autre chose par le droit de la Loi & de la proximité. Quand le Royaume est déferé par droit d'heredité, il est en libre disposition du mourant; il n'est astraint ni à la Loi de l'élection, ni à aucun autre, & l'on*

[Notes marginales:]

mento, adoptione, donatione, emptione, cessione; unde quàm plurima affert exempla Zipæus *ad Cassanum c. 4. à p. 17. ad 33.*

a Ex titulo donationis quoque successio datur: Ex testamento acquiri ʀegnum dubio caret, quamvis rem novam in Unguino id notet Crantzius, respiciens, nempe, mores Norvagiorum. In his omnibus intelligenda est electio per acta ʀege absolutè ʀegnum habente. *Hornius de Civit. lib. 2. cap. 9. §. 18. n. 10.*

b Testamento acquiri ʀegnum extra controversiam est, si scilicet is qui per successionem plenum ius disponendi de suo ʀegno habet alium hæredem ʀegni instituerit: solus Crantzius de ea re dubitat. *Schonborner Politic. lib. 2 cap. 18.*

c Aliud est succedere in locum de mortui iure hæreditario, aliud iure legis & proximitatis seu primogenituræ: nam quando ʀegnum defertur

y succede par la volonté du défunt, ou expresse quand il en dispose par le Testament, ou tacite quand il la laisse ab intestat.

Crantzius, comme ces Auteurs l'ont remarqué, a donc esté le seul, qui prévenu des mœurs de son Païs, ne faisant attention ni aux principes generaux, ni aux exemples étrangers, a trouvé extraordinaire, que Unguinus Roy de Norvege eut disposé de son Etat par Testament. Et comme cet Auteur est le seul que les adversaires de M. le Prince de Conti puissent citer, pour Partisan de l'inalienabilité pretenduë de toute Souveraineté en general; on peut aussi leur faire le même reproche que les autres Auteurs faisoient à Crantzius; que pleins de l'idée du Royaume de France, & de la maniere presque unique d'y succeder, ils veulent juger de même, de tous les autres. Ils voudroient que la Loy Salique fût la Loy de tout le monde.

Ils se font sur cela des difficultez qui ne consistent que dans de grands mots, dans des lieux communs. *Quoy une Principauté alienable! On nous vendra donc, on nous changera, on nous fera passer dans des Familles que nous craignons!*

Cette objection plus patétique dans les termes, que solide dans le raisonnement, n'a pas esté oubliée par nos Auteurs politiques.

Quand un Etat est aliené (dit Grotius) *ce ne sont pas les hommes qu'on aliene, mais le droit de les gouverner; de même à peu prés qu'un Seigneur vendant son fief, ne vend*

Cum populus alienatur, non ipsi homines alienantur, sed ius perpetuum eos re-

pas ses vassaux, mais le droit de feodalité qu'il a sur eux.

Quel inconvenient donc, quel mal arrive-t-il de l'alienabilité? Par-là, le Peuple change de Souverain malgré soy, on luy en donne un sans sa participation & sans son choix; cela est vray: mais ce même changement n'arrive-t-il pas par la succession *ab intestat*, comme par la succession testamentaire? L'heritier *ab intestat* n'est-il pas Souverain malgré le Peuple, sans son consentement & sans son choix, de même que l'heritier par Testament? Et l'heritier que donne la Loy, n'a-t-il pas souvent des qualitez moins convenables au bien de l'Etat, que celuy dont le Prince prédecesseur a fait choix? Dans la succession *ab intestat*, c'est le hazard qui fait le Souverain; dans la succession testamentaire au contraire, c'est le discernement du Testateur qui agit; il prefere, soit dans sa famille, soit dans ses amis, celuy qu'il croit le plus digne de remplir sa place.

On nous fera passer, dit-on, par un Testament dans des Familles que nous craignons; mais ce mal n'arrive-t-il pas par les mariages & par les alliances, dans tous les Royaumes où la Cynæcocratie a lieu? Que la fille heritiere de la Couronne se marie, ou qu'aprés estre mariée elle succede à la Couronne, ne la transmet-elle pas, malgré elle-même & malgré son peuple, à ses enfans? Ne passe-t-elle pas par eux à la famille de son mary, soit amie, soit opposée à cet Etat? Si Me de Nemours avoit des enfans de son mariage, & que M. l'Abbé d'Orleans n'eut point testé, Neufchatel ne passeroit-il pas dans la Maison de Savoye, malgré le peuple?

gendi; si cum uni liberorum patroni libertus assignantur, non hominis liberi fit alienatio, sed ius quod iu hominem competit. transcribitur. *Grot. lib.* 1. *cap.* 2. §. 12 *n.* 2.

Au contraire, si la succession des filles est regardée comme un mal dans les Royaumes successifs, la liberté de disposer en est le remede assuré dans les Royaumes patrimoniaux. Et de bonne foy, n'est-il pas plus avantageux à un Peuple, de recevoir un Prince capable de le gouverner, de la main du Predecesseur, qu'une Princesse, quelques grandes qualitez qu'elle puisse avoir, de la main de la Loy?

Enfin, pour passer des principes aux exemples, peut-on douter qu'il n'y ait des Souverainetez qui peuvent estre alienées, données entre-vifs & leguées par Testament, quand on en voit plusieurs qui l'ont esté?

Les exemples dans l'antiquité en sont infinis, Grotius, *lib. 1. c. 3. n. 3. 4. 5. & 6.* en ramasse plusieurs; entr'autres les Royaumes conquis par Alexandre, donnez à ses Favoris; le Royaume de Pergame donné par Attalus au Peuple Romain. Il raporte sur cela ce passage memorable de Florus: *Adita igitur hæreditate Provinciam Populus Romanus, non quidem bello nec armis, sed quod est æquiùs, Testamenti jure retinebat.*

Le Royaume d'Egypte legué pareillement par le Roy Appion au Peuple Romain. *Quis ignoret* (dit Tacite Annal. 14.) *Regnum Ægipti, Testamento Regis Alexandrini Populi Romani esse factum.*

Mais sans rechercher l'antiquité la plus éloignée, n'avons-nous pas devant nos yeux, dans nos Provinces mêmes, & dans les temps qui aprochent plus prés de nous, des exemples de Royaumes & de Souverainetez alienées, par toutes sortes de dispositions.

On en peut raporter de trois especes toutes également considerables.

La premiere, de differentes Souverainetez voisines ou de pareille qualité que celle de Neufchatel.

La seconde, des alienations du Royaume de la petite Bourgogne, dont le Comté de Neufchatel faisoit autrefois partie, & du Royaume d'Arles, auquel celuy de la petite Bourgogne avoit esté incorporé.

La troisiéme, de plusieurs Provinces & Etats qui estoient des membres de la petite Bourgogne, & qui en ont esté distraits comme Neufchatel.

Alienations de plusieurs Souverainetez voisines, ou de pareille qualité que Neufchatel.

Il n'est permis à personne d'ignorer la donation entre-vifs, qui fut faite le 23. Avril 1343, par Humbert dernier Dauphin de Viennois, à Philippe fils du Roy Philippe de Valois; du Dauphiné, du Duché de Champsors, de la Principauté de Briançon, du Marquisat de Sezanne, des Comtez de Vienne, d'Albon, de Gresivaudan, d'Embrun & de Gap, avec les Baronnies de Vaubonne, Foussigny, &c. Et c'est à cause de cette donation que les Fils aînez de France portent le nom de Dauphin.

Duchesne dans les preuves de l'Histoire des Dauphins de Viennois. pag. 68. & seqq où il rapporte la donation en entier.

En 1329. Jeanne de Savoye veuve de Jean III. Duc de Bretagne, n'ayant point d'enfans, donna par donation entre-vifs à Philippe Duc d'Orleans, Comte de Valois son cousin, les droits qui luy étoient échus sur la Savoye, par la mort d'Edoüart Comte de Savoye son pere, arrivée en 1329.

Duchesne Hist. des Ducs de Bourg. tom. 2. pag. 109. & 110. & dans les Preuves pag. 121.

En 1346, le 25 Fevrier, Philippe de Valois, au nom du Duc d'Orleans son fils, ceda ces mêmes droits à

Duchesne ibid. Guichenon Hist de Savoye, lib. 2. c 23.

Amé VI. Comte de Savoye, en échange de quelques Terres qu'il avoit en France, & de deux mille livres de rente ſur le Treſor Royal.

En 1343, le 14 Septembre, Thomas II. Marquis de Saluce, fit donation entre-vifs de ce Marquiſat à Humbert Dauphin de Viennois.

En 1475, Guillaume fils de Louis de Châlon, vendit le droit de Souveraineté de la Principauté d'Orange, au Roy Louis XI. pour le prix de quarante mille Ecus; le Roy luy permit neanmoins de conſerver le nom, & de s'intituler, *Par la grace de Dieu, Prince d'Orange;* même de donner grace, battre Monnoye, & autres privileges, ſans prejudice de l'hommage lige.

En 1481, René dernier Comte de Provence, donna ce Comté à Louis XI. Et c'eſt par cette donation que la Provence a eſté unie à la Couronne.

La Principauté de Monaco eſt entrée dans la Maiſon de Grimaldi, par une donation de l'Empereur Othon à Grimaldus I. tant en reconnoiſſance des ſignalez ſervices qu'il avoit rendus à cet Empereur en France, lors qu'il y vint au ſecours de Louis IV. Roy de France, que pour avoir chaſſé de cette Fortereſſe les Sarazins qui l'avoient occupée.

La Principauté de Sedan appartient aujourd'huy à la France, par l'échange fait entre le Roy & feu M. le Duc de Boüillon en 1651.

La Souveraineté de Dombes eſt paſſée à M. le Duc du Maine en vertu de la donation de Mademoiſelle de Montpenſier.

Et pour nous aprocher encore plus de Neufchatel,
voici

voici des exemples voisins de cette Principauté.

Les Villes & Seigneuries qui composent aujour-d'huy le Païs de Vaud, contigu au Comté de Neuf-chatel, furent acquises dans le treiziéme siecle, par Pierre de Savoye Comte de Romont, qui les acquit en divers temps de plusieurs Seigneurs, & en forma le corps de la Seigneurie de Vaud, dont il fut le pre-mier Seigneur.

Guichenon Hist. de Savoye, lib. 2. cap. 11.

Amé VI. Comte de Savoye, surnommé le Verd, acheta au mois de Juillet 1359, de Catherine de Savoye Comtesse de Namur, la Baronnie de Vaud, tenuë aujourd'huy en toute Souveraineté par Mrs de Berne, & en partie par Mrs de Fribourg, pour le prix de soixante mille florins d'or.

Guichenon Hist. de Savoye, lib. 2. cap. 23. & lib. 3. cap. 10.

Odo de Villars Seigneur de Baux, Comte de Geneve, vendit le 5 Aoust 1401, son Comté de Geneve à Amé VIII. Comte de Savoye, pour la somme de quarante-cinq mille francs d'or, qui de plus luy donna en échange la Seigneurie de Chasteauneuf.

Guichenon Hist. de Savoye, lib. 2. c. 25.

Le Roy Henry IV. acquit le 17 Janvier 1607, de Charles-Emanuel Duc de Savoye, la Bresse, le Bugey, le Verromey & la Baronnie de Gex en toute Souveraineté, par échange contre le Marquisat de Saluce.

Traité de Paix de Lyon.

Alienations du Royaume de la Petite Bourgogne & du Royaume d'Arles.

La Petite Bourgogne, autrement appellée Bourgogne Tranjurane, a esté plusieurs fois alienée, tant par donation que par Testament. En voici trois exemples non contestez.

L

Lothaire Roy d'Auftrafie & de Bourgogne, la donna en 860, à Hugues Abbé de S. Richer fon beau-
frere, qui en joüit jufqu'en 867, qu'il fut tué prés
d'Orbe en Suiffe.

Rodolphe III. furnommé le Faineant, defcendant
de ce même Hugues, n'ayant point d'enfans, la donna en 1029 à Henry III. fils de l'Empereur Conrard le
Salique, & luy envoya tous les Ornemens Royaux.
Eâ tempeſtate (dit Otto Frifigen, qui écrivoit en ce
temps-là) *Rodolphus Burgundiæ & Lugdunenfis Galliæ
Rex, moriens, Henrico filio Regis, nepoti fuo, Regnum cum
diademate aliifque infignibus, fub Teftamento mifit.* En confequence dequoy les Evêques de Lyon, de Vienne,
d'Arles, de Befançon, de Geneve, de Lauzane & de
Bafle, jurerent la fidelité entre les mains de l'Empe-
reurd Conrard, au nom de fon fils Henry.

Henry V. Empereur, petit fils d'Henry III, indi-
gné du refus que fit Renaud Comte de Bourgogne,
de luy faire l'hommage de ce Comté, le reprit, & le
donna en 1127, à Conrard Duc de Zeringhen, Gouverneur de Zurich; Ce qui ayant caufé de grandes
guerres entre Renaud & Conrard, elles furent ter-
minées par le mariage de l'Empereur Frederic Barbe-
rouffe, avec Beatrix fille unique de Renaud; On luy
rendit la Franche-Comté, & elle ceda par accommodement à Bertold de Zeringhen fils de Conrard, la
Bourgogne Transjurane, comprife fous les Evêchez
de Lauzane, Geneve & Syon.

Les Hiftoriens remarquent que la Provence & le
Viennois, ayant efté joints au Royaume de là Bourgogne Transjurane, il fut appellé le Royaume d'Ar-

les ; & ce Royaume a esté aussi souvent aliené par differentes dispositions.

1. En 1224. l'Empereur Frederic I. surnommé Barberousse, donna le Royaume d'Arles à Guillaume de Baux Prince d'Orange.

2. En 1257, Raimond de Baux Prince d'Orange, & Ermengarde sa femme, cederent par Transaction à Charles Duc d'Anjou, de Provence & de Forcalquier, frere du Roy S. Louis, les droits qu'il avoit dans le Royaume d'Arles.

3. Ensuite Charles IV. Empereur, donna entierement le Royaume d'Arles à Louis d'Anjou frere du Roy Charles V. pour luy & ses heritiers, le démembrant à perpetuité de l'Empire ; ainsi que l'écrit Theodoric à Njem Auteur de ce temps-là.

Voila les exemples d'alienations, tant du Royaume d'Arles en general, que de la Bourgogne Transjurane en particulier, de laquelle le Comté de Neufchatel faisoit autrefois partie. Voyons maintenant de quelle nature estoient les membres de ce Royaume de la Petite Bourgogne, & comment ils ont esté plusieurs fois alienez.

Alienations des Provinces & Etats qui faisoient autrefois partie de la Petite Bourgogne, comme Neufchatel.

Berne & Bribourg, qui sont aujourd'huy les deux Villes les plus considerables de cette contrée, & qui comme Neufchatel, dépendoient du Royaume de la Petite Bourgogne, ont esté alienées.

Munſter Coſmog. univ. lib. 3. p. 413. & 414.

Celle-là au raport de Munſter en ſa Coſmographie Univerſelle, fut donnée à l'Empire en 1218, avec toutes ſes dépendances, par Bertold V. petit fils de Conrard Duc de Zeringhen & dernier Duc de cette Maiſon.

Munſter lib. 3. cap. 413. Plant. Hiſt. Gen. de Suiſſe pag. 126.

Celle-cy, ſelon le témoignage du même Auteur & d'autres Hiſtoriens, fut venduë en 1278, par Eberhard Comte d'Habzburg, à Rodolphe d'Habzburg pour quatre mille marcs d'argent. Dans la ſuite Fribourg ſe redima à force d'argent de la Maiſon d'Autriche, & s'établit dans la forme de Republique, où nous la voyons aujourd'huy.

Tiré de l'acte du Teſtament.

La Ville de Payerne a eſté donnée par Teſtament en 922, par la Reine Berthe, du conſentement du Roy Conrard & du Duc Rodolphe ſes fils, aux Religieux Benedictins de la même Ville.

Stetler Chron. de Suiſſe, pag. 74. Plantin pag. 164.

Le Comté d'Arberg fut vendu par Pierre Comte d'Arberg, à Mrs de Berne, avec faculté de remeré ; mais ce même Comte eſtant atteint de la lepre, il leur en fit une vente pure & ſimple en 1351.

Munſter Stetler Simler, Plantin pag. 176.

La Ville de Bretou fut pareillement venduë en 1385, par Hartman de Kibourg à Mrs de Berne, avec ſes dépendances, pour le prix de quarante mille écus.

Stetler pag. 222. Plant. 227.

La Souveraineté d'Erlach appartenante à la Maiſon de Châlon, fut acquiſe de même par Mrs de Berne en 1474.

Plant. pag. 472.

Le Comté de Nidau fut vendu par Rodolphe Comte de Kibourg, à Leopold II. d'Autriche ; Et en l'année 1387, ce Comté tomba ſous la domination de Berne.

Stetler pag. 185. & 186. Plantin 648.

Le Comté de Gruyeres eut le même ſort en 1554. Michel Comte de ce lieu, fut obligé pour ſes dettes, de remettre son Comté en discution. Mrs de Berne & de Fribourg ayant acquis les droits des Creanciers pour quatre-vingt-cinq mille écus, acquirent par ce moyen ce Comté, & le partagerent entr'eux. Les Bernois eurent pour leur part Sanen, Rougemont, le Chasteau d'Oex & la Rossiniere; Et les Fribourgeois toute la basse Gruyere.

La Vallée de Schvartsburg, Grasburg & Gugisberg fut acquise par Mrs de Berne, de la Maison de Savoye en 1424.   *Stet. pag. 225.*

Ce ne sont pas les seuls exemples des portions de l'ancien Royaume de la Petite Bourgogne, qui ont esté alienées; Mais en voila plus qu'il n'en faut pour prouver que ces Comtez & ces Seigneuries, qui estoient originairement membres du même Royaume & de même nature que Neufchatel, estant alienables, Neufchatel l'est aussi, par une consequence doublement juste, non seulement de la partie à la partie, mais du tout même, aux parties qui le composent.

Mais aprés avoir établi l'alienabilité de la Souveraineté en general par des exemples de tous les lieux, de tous les temps, & sur tout par l'exemple des Souverainetez voisines & de pareille condition; M. le Prince de Conti aura encore l'avantage, de montrer celle de Neufchatel en particulier, par des titres incontestables.

SECONDE PROPOSITION.
Que la Souveraineté de Neufchatel est alienable, & qu'elle a souvent esté alienée par toutes sortes de dispositions.

Le Comté de Neufchatel n'est point une Souveraineté *Elective*, ni dans fon origine, ni dans fon progrés; Car on ne peut faire voir, foit dans l'Hiftoire du Païs, foit dans les Titres des Archives, ni que cette Souveraineté ait jamais efté établie par la volonté des Peuples, ni qu'elle ait jamais efté déferée par élection.

Ce n'eft point non plus une Souveraineté *purement Succeffive & Ufufructuaire;* Car on ne peut faire voir, ni que le Peuple ait impofé cette condition à fon Prince en le recevant, ni que le Prince fe la foit impofée à luy-même, ni que par une Loy, ou par un Concordat entre le Prince & les Peuples, cette fucceffion neceffaire, cette fubrogation ou fubftitution perpetuelle ait jamais efté établie.

Si le Comté de Neufchatel n'eft ni une Souveraineté *Elective*, ni une Souveraineté *purement Succeffive & Ufufructuaire*, la confequence eft claire, que c'eft une Souveraineté *Hereditaire & Patrimoniale*.

Pour en eftre convaincu par une preuve pofitive, il faut reprendre (ce qui a efté cy-deffus touché en paffant) que les Comtez de Neufchatel & de Valangin, auffi-bien que ceux de Nidau, d'Arberg, de Gruyere & autres, qui ont fouffert l'alienation, eftoient anciennement membres de la Petite Bourgogne, ou Bourgogne Transjurane, qui fit dans la fuite partie du Royaume d'Arles.

Quoyqu'il foit affez inutile, de rechercher comment le Comté de Neufchatel fut feparé, & rendu indépendant du Royaume de la Petite Bourgogne; On peut toutefois remarquer, avec Duchefne, que la lâcheté de Rodolphe III. furnommé le faineant, dernier Roy de Bourgogne, & les troubles furvenus aprés sa mort pour ce Royaume, donnerent lieu aux Comtes, qui n'estoient alors que les Gouverneurs de leurs Provinces, de s'en rendre les Proprietaires.

Il y a tout sujet de croire que ce fut par cette voye, que le Comté de Neufchatel fut distrait de la Bourgogne Transjurane : Nous en trouvons un témoignage dans Gollut en ses Memoires de la Republique Sequanoise, en ces termes : *Dans lequel Monjoux, Nous devions avoir d'autres Terres & Seigneuries, qui sont vrayement de nostre Comté, & qui estoient appellées aux Etats, comme Orbe, Neufchatel, Valangin, Grandson, Romans-Moûtier, Escles, & autres, desquelles nos Titres font mention. Voire nous trouverons que les Seigneurs de ces lieux se trouvoient en la Congregation des Etats, mêmement le Seigneur de Neufchatel pour le second, & celuy de Grandson pour le quatriéme.*

Gollut Rep. sequam, lib. 2. cap. 12.

Quoyqu'il en soit, il est certain que Neufchatel, ainsi distrait de la Petite Bourgogne, s'est maintenu dans sa Souveraineté.

De ce fait non contesté, se tire trois argumens considerables.

Le premier, que le Comté de Neufchatel ne doit point son établissement, ni sa Souveraineté au choix de ses Peuples.

On sçait même par les Histoires & par les Titres, qu'anciennement le Païs de Neufchatel estoit une espece de desert, qui n'estoit presque habité que de quelques Pêcheurs, & d'un petit nombre de personnes.

Dans la suite, les Seigneurs de Neufchatel ayant formé le dessein de peupler ce Païs, & de le rendre meilleur, trouverent à propos d'accorder à leurs sujets les Franchifes & les Privileges, dont fera parlé dans fon lieu.

Ainfi tant s'en faut que les Peuples de Neufchatel, fuffent en état par leur conftitution originaire, ni d'inftituer leur prince par leur autorité, ni de luy impofer des conditions, qu'au contraire ils ont reconnu dans tous les temps (comme on le fera voir) qu'ils devoient eux-mêmes à l'autorité & à la grace de leur Prince, les franchifes & les privileges dont ils joüiffent.

Le fecond argument eft, que fi le Royaume de la Petite Bourgogne, dont le Comté de Neufchatel étoit originairement un membre, eftoit alienable, & s'il a efté aliené en effet plus d'une fois dans fa totalité, comme on l'a fait voir; la conclufion eft infaillible, que Neufchatel eftoit pereillement alienable; que le membre n'eftoit pas d'une autre condition que le Chef, ni la partie que le tout.

Le troifiéme argument eft, que comme plufieurs autres Comtez & Seigneuries qui compofoient le Royaume de la Petite Bourgogne ont efté alienez, celle de Neufchatel peut l'eftre de même. Car il feroit abfurde de propofer que les parties d'un même corps fuffent de nature differente entr'elles, & differentes même de celles du corps.

Mais il faut aller encore plus loin; ce n'eft pas affez de prouver l'alienabilité de Neufchatel par celle du Royaume de Petite Bourgogne, dont il eftoit membre, & par celle des autres membres qui compofoient autrefois un même corps; Il faut chercher la condi-

tion,

tion de Neufchatel dans Neufchatel même, & juger de ce qui se peut faire aujourd'huy dans la succession de ce Comté, par ce qui s'est fait dans tous les temps.

C'est en vain que dans les Ecrits répandus contre le droit de M. le Prince de Conti, l'on a voulu persuader que Neufchatel dans son origine étoit un Fief de l'Empire, & conclure de ce faux principe qu'il estoit inalienable.

Il n'est point vray que Neufchatel dans son origine, ni dans aucun temps, ait esté un Fief de l'Empire; Il n'est point vray qu'il en ait esté demembré, moins vray encore qu'il y ait jamais rendu l'hommage.

Nous trouvons à la verité, qu'en l'année 1288, Rodolphe de Neufchatel voulant se procurer la protection de l'Empereur & de la Maison de Châlon, contre la violence de ses voisins, fit un don de son Comté de Neufchatel à l'Empereur Rodolphe d'Absbourg, non pas pour l'unir à l'Empire, ni pour le retenir dans sa main, mais par forme de fideicommis, & pour le remettre à Jean de Châlon Seigneur d'Arlay.

Cela fut ainsi executé; l'Empereur Rodolphe remit incontinent aprés le Comté de Neufchatel à Jean de Châlon. Rodolphe de Neufchatel le reprit ensuite en Fief du même Jean de Châlon; & c'est par ce moyen que ce Comté a esté pendant un assez long temps sous l'hommage de la Maison de Châlon.

Mais quelle consequence peut-on tirer d'un tel fait? Il est tres-certain qu'avant ces Actes, le Comté de Neufchatel estoit indépendant, & ne relevoit de personne. Cette donation même faite par Rodolphe de Neufchatel à l'Empereur Rodolphe d'Absbourg, est

M

une preuve de cette indépendance abfoluë, & de la liberté parfaite qu'il avoit de difpofer de fon Comté.
Si ce Comté avoit efté inalienable, ni Rodolphe de
Neufchatel n'auroit pû en faire le don à l'Empereur,
pour le remettre à Jean de Châlon, ni Jean de Châlon
le redonner en Fief à Rodolphe de Neufchatel.

On ne peut pas dire que par-là, le Comté de Neufchatel foit devenu un moment Fief de l'Empire, puif-
que ce n'eftoit pas, à proprement parler, à l'Empereur
qu'il eftoit donné, mais à Jean de Châlon, par le canal
de l'Empereur, qui n'en eftoit qu'un donataire fiduciaire; Auffi ne fera-t-on point voir que les Empereurs ayent jamais donné aucune inveftiture aux Comtes de Neufchatel, ni que ceux-cy ayent jamais fait
hommage aux Empereurs?

Il feroit inutile aprés cela d'entrer en differtation,
pour faire voir que s'il y a des Fiefs de l'Empire qui
font inalienables, il y en a plufieurs qui ne le font
pas; Que même la plufpart des Fiefs de dignité font
de libre difpofition, & que par confequent le Comté
de Neufchatel, patrimonial dans fon origine, auroit
pû devenir Fief de l'Empire, fans devenir inalienable
& fans ceffer d'eftre patrimonial: Mais on n'a pas befoin de rechercher la nature des Fiefs Imperiaux, pour
juger de celle d'un Etat, qui n'eft point & n'a jamais
efté Fief Imperial.

Le Comté de Neufchatel a efté veritablement fait
pour un temps & contre fon origine, Fief de la Maifon de Châlon; Mais tant s'en faut que cette feodalité paffagere & precaire, pour ainfi dire, ait changé
la nature de ce Comté, ni que de patrimonial qu'il

eſtoit elle l'ait rendu inalienable, qu'au contraire il en reſulte dans ce temps-là même une preuve de ſon alienabilité reconnuë même par l'Empereur.

Pour cela il ne faut que voir le Traité d'alliance qui fut fait le 7 Fevrier 1511. entre l'Empereur Maximilien & tout le Corps Helvetique, dont Neufchatel fait partie ; il y a un Article dans ce Traité, qui porte : *Pour ce qui regarde les querelles, procés, fiefs & heritages, bien-fonds, infractions, conventions, dettes & ſemblables choſes, il ſera procedé, ſçavoir pour les Fiefs, pardevant le Seigneur direct ſelon le droit des Fiefs, &c.*

De-là s'enſuit en premier lieu, que de l'ayeu même de l'Empereur, toutes les fois qu'il ſeroit queſtion du Comté de Neufchatel, il faudroit proceder *pardevant le Seigneur direct ſelon le droit des Fiefs.* Et ſuivant ce principe (ſi l'état preſent de ce Comté ſe devoit regler par celuy de ce temps-là) ce ſeroit au Roy comme Comte de Bourgogne, & Seigneur direct de la Seigneurie d'Arlay, & de tous les Fiefs mouvans de la Maiſon de Châlon, qu'appartiendroit la déciſion du differend.

En ſecond lieu, ce differend ſe jugeroit par la Coûteme du Comté de Bourgogne, dans laquelle les Fiefs ſans aucune diſtinction, comme les autres biens ſont de libre diſpoſition : *Si le Vaſſal*, dit cette Coûtume, *par Teſtament, donation à cauſe de mort, ou par autre ordonnance de derniere volonté, diſpoſe ou ordonne en forme dûë de choſes qu'il tient en Fief, celuy ou ceux, au profit deſquels ledit Vaſſal en aura diſpoſé ou ordonné, ne ſeront tenus de requerir au Seigneur feodal ſon conſentement pour en prendre poſſeſſion ; & s'ils le prennent, ledit Seigneur à cette*

Coût. gener. du
Comté de Bourgo.
cap. 1. art. 6.

cauſe n'y pourra prétendre aucun droit de commiſe.

Il n'y a rien de plus formel pour l'alienabilité, & cet article ſeroit d'autant plus conſiderable, qu'effectivement Neufchatel (comme il a eſté expliqué) faiſoit anciennement partie du Comté de Bourgogne, & que les Comtez de Neufchatel eſtoient obligez alors d'aller en Franche-Comté faire la repriſe du Fief des Comtes de Châlon, qui eſtoient cadets des Comtes de Bourgogne. Nous voyons même que dans les conceſſions des franchiſes accordées par les Comtes de Neufchatel à leurs Peuples, il eſt dit expreſſément que c'eſt ſelon les *Coûtumes de Beſançon.*

Coûtume de Neuf-
chatel, fol. m. 9.

Ainſi tant s'en faut que de cette donation fiduciaire faite à l'Empereur, & de cette feodalité momentanée de la Maiſon de Châlon, on pût induire aucun argument d'inalienabilité, qu'il en faudroit tirer une conſequence toute contraire.

Mais à parler de bonne foy, ce n'eſt point par ces temps-là qu'il faut juger de la nature du Comté de Neufchatel, indépendant dans ſon origine & dans l'établiſſement de ſa Souveraineté ; Il a repris dés l'an 1530 ſa nature primitive ; il a eſté purifié de cette tache de feodalité, que la neceſſité des conjonctures luy avoit imprimée pour un temps.

Soit qu'on le regarde dans cette état naturel d'indépendance & de Souveraineté abſoluë ; ſoit qu'on le conſidere dans ces temps, où il a eſté ſoumis à une feodalité étrangere, on va faire voir qu'il a toûjours également conſervé ſa nature patrimoniale, & de libre diſpoſition.

Pour le faire avec quelque ordre, il faut rappeller ici

les quatre marques tirées de *Grotius*, d'un Etat patrimonial, & en faire l'aplication au Comté de Neufchatel.

Ces quatre marques font, *que l'Etat patrimonial eft
divifible*, *que la tutelle en appartient à la famille*, *qu'il peut
eftre hypotequé aux dettes du Prince*, *& enfin qu'il peut
eftre aliené par toutes fortes de difpofitions*.

Nous allons faire voir, non feulement, que Neufchatel a efté divifé, que la tutelle en a efté deferée à
la famille ou par la famille, qu'il a efté plufieurs fois
aliené, vendu & hypotequé, & qu'enfin il a efté encore plus fouvent donné, foit entre-vifs, foit par
Teftament; Mais nous ferons voir, de plus que cette
liberté d'aliener & de difpofer a efté reconnuë par les
Rois & Princes voifins, par les Cantons alliez & non
alliez, & par les Peuples mêmes de Neufchatel.

Que le Comté de Neufchatel a efté plufieurs fois divifé.

Avant d'entrer dans la preuve de ce fait, il eft bon
de faire deux obfervations.

La premiere, pour prouver que le Comté de Neufchatel eft patrimonial, & que comme tel, il peut
eftre aliené, on ne feroit pas obligé de prouver qu'il
eft divifible, & qu'il a efté plufieurs fois divifé:
Tout ce qui eft divifible eft patrimonial, & par confequent alienable; mais tout ce qui eft patrimonial
& alienable n'eft pas toûjours divifible; Un bien peut
eftre indivifible, ou par une loy fpeciale, comme par-
my nous „ par la difpofition de nos Coûtumes, les

grands Fiefs font impartables; ou par une paction particuliere entre les Coproprietaires.

Mais ce bien, quoy qu'indivifible, foit par la Coûtume, foit par la convention, n'en eft ni moins alienable, ni moins patrimonial ; Le Duc vivant, aura toute liberté de vendre le Duché, que fes enfans aprés fa mort n'auroient pas droit de partager.

Ainfi quand nous ferons voir, que le Comté de Neufchatel eft divifible, & qu'il a efté fouvent divifé; nous ferons voir à plus forte raifon, & par une confequence neceffaire, qu'il peut eftre aliené.

La feconde obfervation, quand on recherche fi un bien eft divifible, & s'il a efté partagé ou non ; il faut diftinguer deux fortes de partages.

L'un par divifion réelle, c'eft-à-dire, par une feparation & une diftribution actuelle du tout en plufieurs parts.

L'autre par équivalence, en laiffant à l'un des Copartageans le tout en fon integrité, & donnant aux autres la récompenfe de leurs parts, en autres biens, ou en argent.

C'eft dans le premier de ces deux fens (c'eft-à-dire de la divifion réelle & actuelle) que dans nos Coûtumes, les Fiefs de dignité font indivifibles & impartables ; On ne fouffre pas qu'ils foient morcelez en plufieurs parties, parce qu'une telle diffection en détruiroit la dignité.

Mais dans le fecond fens, c'eft-à-dire de la divifion par équivalence; nos Fiefs de dignité font veritablement divifibles & partageables ; ils entrent dans la maffe des biens fujets à partage, foit pour fixer à

chacun la récompense de sa portion, soit pour faire
la computation de la Legitime, & tout cela s'appelle
indifferemment un partage.

Ainsi quand nous n'aurions point de partages du
Comté de Neufchatel par division réelle & actuelle,
ce seroit assez pour la preuve de nostre proposition,
d'y trouver des partages faits par équivalence & par
récompense des portions.

A plus forte raison, rapportant des partages de
l'une & de l'autre espece, la conclusion sera certaine, que le Comté de Neufchatel a esté divisé, que
par consequent il est divisible, par consequent patrimonial, par consequent, & à plus forte raison alienable.

Nous trouvons neuf preuves fameuses de nostre
proposition.

La premiere, dans un acte de l'an 1214, intitulé
les Franchises de Neufchatel, où Ulric Comte, & Bertold son neveu sont appellez *Cosseigneurs de Neufcha-*
tel, & accordent conjointement les franchises aux Bourgeois
de Neufchatel, selon les Coûtumes de Besançon. Preuve
formelle de la divisibilité ; Car la possession indivise
entre plusieurs, suppose de necessité que plusieurs y
ont part ; ce sont des parts potentielles, qui ne sont
pas separées, mais qui peuvent l'estre ; c'est un oncle
qui a la moitié de son chef, & un neveu qui a l'autre
moitié par representation de son pere.

La seconde, dans une Sentence arbitrale de 1278,
dont voicy le sujet : Rodolphe de Neufchatel avoit
de Sibille de Montfaucon sa femme, fille de Thierry
de Montbeliard, quatre fils & deux filles, ils se rap-

porterent pour leur partage à Thierry de Montbeliard leur ayeul maternel, qui par son Jugement arbitral, pour ne pas démembrer le Comté, l'ajugea à Amedée fils aîné, donna aux trois autres fils des domaines du Comté même pour leurs parts, & assigna aux deux filles d'autres fonds & des sommes d'argent pour les leurs.

La troisiéme preuve se tire, de ce qui arriva aprés la mort de Rodolphe Comte de Neufcharel, lequel ayant disposé du Comté par son Testament, Louis de Neufchatel son fils eut Neufchatel, avec le titre de Comte, & Marguerite sa sœur eut la Ville de Boudry, la Mairie de Boudeviller & Montesillon, qui font partie de ce Comté, & cela *conformement à la disposition de leur pere.*

La quatriéme preuve resulte des deux Testamens de Louis de Neufchatel dernier Comte de cette Maison, & du partage fait en consequence.

Par le premier de 1354, ce Saigneur avoit institué tous ses fils, ce qui prouve que le Comté de Neufchatel pouvoit estre possedé par plusieurs, soit divisément ou par indivis.

Par le second de 1373, tous ses fils estant morts, il institua Isabelle & Varenne de Neufchatel ses filles conjointement heritieres.

Ces deux sœurs firent entr'elles le partage des biens de leur pere, le Comté de Neufchatel échût à Isabelle, Varenne eut entr'autres biens la Baronnie de Landeron, qui fait partie de ce Comté.

Ces exemples sont d'autant plus considerables, qu'ils prouvent tout à la fois la division du Comté de Neucharel, & la disposition du même Comté par Testament.   La

La cinquiéme preuve se trouve dans un acte du mois d'Avril 1531, qui contient le serment prêté par les Bourgeois de Neufchatel, à François d'Orleans, *tant en son nom, que de Jeanne d'Hochberg sa mere, & de Louis d'Orleans son frere.*

On voit plusieurs concessions faites, & plusieurs actes passés par ce même Prince au nom des trois, comme conjointement Seigneurs. Preuve infaillible de nostre proposition, puisque, comme il a esté dit, la possession de plusieurs par indivis ne prouve pas moins la divisibilité, que la division même.

La sixiéme preuve resulte du partage, qui fut fait ensuite, entre le même Louis d'Orleans & François son neveu, fils de son frere. Ce partage n'est pas rapporté, mais il est énoncé dans le Jugement solemnel des Audiences generales du six May 1552, dont on va parler.

La septiéme preuve, plus autentique encore, & plus illustre que les autres, est écrite dans ce Jugement celebre des Audiences generales du six May 1552. François d'Orleans Comte de Neufchatel, dont on vient de parler, estant mort sans enfans ; sa succession échût *ab intestat* à Leonor d'Orleans Duc de Longueville, & à Jacques de Savoye, ses cousins germains.

Contestation entre ces deux Princes, pour le Comté de Neufchatel ; Leonor d'Orleans le prétendoit en entier comme indivisible ; Jacques de Savoye au contraire y prétendoit sa moitié, comme divisible, & comme estant avec Leonor d'Orleans en parité de degré. La question rouloit précisément sur la divisibilité ou indivisibilité de la Souveraineté. Les Gens

N

tenans les Audiences generales , qui furent Juges de la contestation , prirent soin de faire chercher , au Tresor de Neufchatel , les partages précedemment faits ; Et enfin bien instruits dela constitution de cette Souveraineté, & de l'usage observé de tout temps, ils ajugerent , définitivement à Jacques de Savoye, la moitié de ce Comté , comme heritier *ab intestat* , conjointement avec Leonor d'Orleans.

Ce Jugement est si fort, & sa decision si expresse, qu'on ne peut mieux faire que d'en transcrire le dispositif de mot à mot.

Tiré de l'Original de mot à mot, ledit Original signé par P. Chambrier, P. Romain, C. Baillod & J. Merveilleux.

Aprés avoir oüi & bien au long entendu lesdites demandes, réponses, allegations & repliques desdites Parties ; aprés avoir aussi vû tous les Titres & Attestations par elles produites & exhibées par icelles, a esté couché en droit, lequel nous avons demandé ausdits Seigneurs des Audiences, lesquels aprés avoir pris avis & conseil par ensemble , ont préalablement dit , que par les réponses faites de la part des Sieurs Procureurs & Ambassadeurs de mondit Seigneur le Duc de Nemours , est apparu à mesdits Seigneurs des Audiences, qu'ils avoient allegué , que partage avoit autrefois esté fait de cedit Comté , ensemble de la Souveraineté ; a esté cönnu, que l'on devoit faire chercher au Tresor de ceans, lesdits partages & autres pieces de ce faisant mention , ce qui a esté fait ; Tellement que cejourd'huy a esté trouvé le Testament de feu, de tresnoble recordation, Monseigneur le Comte Louis dernier de ce nom de Neufchatel, duquel a esté fait lecture en presence dambes parties , & icelles finalement ouyes, & avoir de rechef sur le tout couché en droit, declarant qu'ils n'avoient plus autre chose à produire ni debattre d'une part, ni d'autre, fors qu'ils persistoient toüjours à leurs premieres fins & conclu-

*fions ; à fçavoir lesdits Sieurs Procureurs & Ambaffadeurs
de mondit Seigneur de Longueville, à ce que la totalité de
ce Comté leur fuft ajugée, pour les raifons par eux amplement
déduites & mifes en avant ; & lefdits Sieurs Procureurs &
Ambaffadeurs de mondit Seigneur le Duc de Nemours auffi
perfiftoient que la moitié de cedit Comté leur fut ajugé pour
les caufes prédites : Surquoy mefdits Sieurs des Audiences fe
font retirez à part ; Et aprés avoir fur le tout avifé & bien
pefé ladite matiere, à grande & mure déliberation de Confeil fur ce euë, confideré tout ce qui faifoit à confiderer, fignem-
ment la Coutume de tout temps obfervée & gardée en ce Païs,
ont ajugé & ajugent définitivement, la moitié de cedit Comté
de Neufchatel, avec fes appartenances & dépendances à mondit Seigneur le Duc de Nemours, attendu mêmement que
Monfeigneur Duc de Longueville (de la fucceffion duquel eft
queftion) eftoit decedé ab inteftat, & fans hoirs de fon corps,
& qu'avant fon decés partage avoit efté fait entre luy &
feu Monfeigneur le Marquis, jadis fon oncle ; auffi parce
que Monfeigneur le Duc de Nemours s'eft trouvé eftre dans
un même degré de confanguinité avec Monfeigneur le Duc
Leonor fon coufin germain.*

Trois reflexions importantes fur ce Jugement folemnel.

La premiere, ce n'eft pas feulement une chofe faite
entre les Parties intereffées ; mais c'eft une chofe jugée (& ce qui eft fur tout à remarquer) jugée par les
Audiences generales de Neufchatel.

La feconde, chofe jugée fur le fondement *de la Coutume de tout temps obfervée & gardée en ce Païs,* & aprés
avoir verifié qu'avant le decés de François d'Orleans
(de la fucceffion duquel il s'agiffoit) *partage avoit efté*

fait de ce Comté entre luy & feu Monseigneur le Marquis (Louis d'Orleans) *jadis son oncle.*

La troisiéme, les Audiences generales, en ajugeant à Jacques de Savoye cette moitié du Comté de Neufchatel , ajoute ces termes : *Attendu mêmement que Monseigneur de Longueville, de la succession duquel est question, est decedé ab intestat, & sans hoirs de son corps.* Ce qui prouve qu'au Jugement même des Audiences generales, s'il y avoit eu un Testament, on auroit suivi sa disposition , & que l'on n'ordonnoit le partage par moitié, que parce que le Prince prédecesseur estoit mort *ab intestat ;* En effet, il auroit esté non seulement inutile, mais absurde, de donner pour raison, dans une Sentence, que la succession de ce Comté estoit ouverte *ab intestat,* s'il eût este vray qu'elle ne pût estre deferée par Testament ni autrement qu'*ab intestat.*

L'execution de ce Jugement ne merite pas moins de consideration que le Jugement.

On voit par un Acte de l'an 1554 , que les quatre Ministraux de Neufchatel adressoient leurs Requestes à Jacques de Savoye , de même qu'à Leonor d'Orleans.

On voit par un autre de l'année 1556 , que Jacques de Savoye renouvella les Traités d'alliance & de combourgoisie, avec les Cantons de Berne & de Fribourg, *pour sa moitié du Comté.*

On voit dans le même temps, qu'il accorda plusieurs droits aux Bourgeois, de Neufchatel, en qualité de *Souverain de la moitié de ce Comté.*

Il n'est pas moins important d'observer que, par ce même Jugement, les Audiences generales avoient fagement ordonné que *suivant la pratique du temps passé les deux Comtes donneroient un seul Chef ou Gouverneur au Comté*; mais la difficulté de convenir du choix de ce Gouverneur, & les differends que la societé de la Souveraineté pouvoit faire naître entre ces deux Princes leur ayant fait desirer l'accommodement; Mrs de Berne s'interposerent, & par leur mediation, Jacques de Savoye ceda sa moitié à Leonor d'Orleans, qui pour le prix de cette cession luy donna une somme d'argent & d'autres Terres en Bourgogne, l'Acte est du 15 Aoust 1557.

Ainsi l'on voit dans cet exemple le Comté divisé, non seulement par équivalence & par estimation de la moitié, mais par la joüissance réelle & actuelle que chacun des copartageans eût de sa moitié. On y voit cette même moitié venduë à Leonor d'Orleans par Jacques de Savoye, comme un bien dont il estoit saisi, & dont il disposoit en proprietaire, en vertu de la Sentence de partage; Exemple par consequent d'autant plus considerable pour notre question, qu'il contient la preuve de la divisibilité & de l'alienabilité tout ensemble.

La huitiéme preuve de la divisibilité de Neufchatel, se tire de tous les actes passez sous la regence de Marie de Bourbon, Veuve de Leonor d'Orleans, avec les Quatre Ministraux & Conseil de la Ville de Neufchatel; dans lesquels il est dit, que c'est *au nom & sous l'autorité de Madame Marie de Bourbon, comme mere & tutrice de Messeigneurs ses fils, nos Souverains Seigneurs.*

Enfin pour derniere preuve de nostre proposition, on se servira de la donation faite par M. l'Abbé d'Orleans, à M. le Comte de S. Pol le 21 Mars 1668 : Il ne luy donne pas les Souverainetés de Neufchatel & de Valangin, mais seulement *les droits qui luy appartenoient dans ces Souverainetés ;* parce que M. le Comte de S. Pol y ayant sa part naturelle, M. l'Abbé d'Orleans ne luy donnoit & ne pouvoit luy donner que la sienne. Les termes sont tres-remarquables : *Fait don, à M. le Comte de S. Pol son frere puisné & coheritier, de tous & tels droits, qui appartiennent & sont acquis à mondit Seigneur le Duc de Longueville en ladite qualité de principal heritier de ces Souverainetés de Neufchatel, & de Valangin, leurs circonstances & dépendances, sans aucune chose en excepter ; au moyen dequoy lesdites Souverainetés & Principautés de Neufchatel & de Valangin appartiendront pour le tout à mondit Seigneur le. Comte de S. Pol.*

Dans la seconde donation, qui fut faite, par M. l'Abbé d'Orleans, à M. le Comte de S. Pol son frere, de ses autres biens, le 19ᵉ Fevrier 1672 ; il s'explique en ces termes : *Pour les mêmes motifs , pour lesquels il luy a cy-devant fait don & délaissement des parts & portions qui luy appartenoient dans les Comtés souuerains de Neufchatel & Valangin en Suisse.*

Ces Souverainetés appartenoient donc pour partie à M. le Comte de S. Pol comme coheritier, & elles luy appartiennent pour le tout par la donation de son coheritier.

Cet exemple reviendra dans son lieu, comme une preuve authentique de la liberté de disposer, mais il sert en cet endroit pour une preuve, qui n'est pas moins authentique, de la divisibilité.

S'il faut encore ajoûter quelque chose à ces exemples; les démembremens qui ont esté faits, dans divers temps, du Comté de Valangin, de la Baronnie de Gorgier, de celle de Vaumarcus, de celle du Landeron, de la Seigneurie de Travers, de celle de Colombier, de la Châtellenie de Boudry, de l'Abbaye de Fontaine-André, de celle de l'Isle S. Jean, & du Prieuré du Vautravers, qui composoient plus des trois quarts de la Principauté de Neufchatel, ne sont-ce pas autant de preuves de la divisibilité de ce Comté? & soit qu'il soit divisé par des partages, soit qu'il soit démembré par des alienations, pouvoit-il l'estre, s'il n'estoit qu'usufructuaire, & s'il n'estoit pas patrimonial? C'est ce qui s'expliquera plus particulierement dans la suite.

Que l'administration du Comté pendant les minorités, ou autres cas, où la Regence a lieu, appartient aux Tuteurs élûs par la famille ou dans la famille.

Dans les Royaumes non patrimoniaux, dit Grotius, *la Regence en cas de minorité, maladie, ou autre cause qui mette le Prince hors d'Etat de gouverner, appartient à ceux à qui elle est deferée par une Loy publique, ou par l'élection du Peuple; mais dans les Royaumes patrimoniaux elle appartient au Tuteur, que le pere ou les parens auront choisi.*

La raison de cette difference est naturelle; c'est que dans les Royaumes non patrimoniaux, le Royaume n'appartient point ni à celuy qui le possede, ni à sa famille; s'ils sont électifs ils apartiennent à l'Etat; s'ils sont successifs & usufructuaires, ils passent de successeur en successeur, & n'appartiennnent en propre à personne; ainsi ni le pere ni les parens, qui n'ont

Dum Rex, ætate aut morbo, fungi potestate sua impeditur; in Regnis quæ non sût patrimonialia, tutela eorum est quibus lex publica aut ea deficiente consensus populi eam mandat; in Regnis verò patrimonialibus, eorum est quos pater aut propinqui elegerint. *Grot. lib. 1. cap. 3. §. 15.*

aucun droit, foit réel, foit préfomptif à la proprieté, n'en peuvent avoir aucun à l'adminiftration & à la Regence.

Dans les Royaumes patrimoniaux au contraire; comme le poffeffeur eft proprietaire, cette proprieté regarde hereditairement fa famille; Et c'eft par confequent à fa famille, que la tutelle en appartient, comme celle de fon patrimoine.

Cette feconde marque de patrimonialité eft parfaitement verifiée à Neufchatel dans tous les temps.

En 1543, Marie de Lorraine, mere de François d'Orleans, & Claude de Guife, fon ayeul maternel, ont eu l'adminiftration du Comté comme Tuteurs de ce Prince.

En 1552, Jacqueline de Rohan, comme tutrice de Leonor d'Orleans fon fils, a regi la moitié du Comté qui luy fut adjugée par le Jugement des Audiences generales du 6 May 1552, dont a efté cy-deffus parlé. Et depuis 1557, elle eut l'adminiftration du total en confequence de la vente que Jacques de Savoye luy fit de fa moitié.

En 1573, Marie de Bourbon mere d'Henry d'Orleans, premier du nom, a eu la même adminiftration en qualité de tutrice de fon fils.

En 1595, Catherine de Gonzagues, mere d'Henry II. & ayeule de Me de Nemours, a pareillement adminiftré le Comté de Neufchatel comme tutrice de fon fils.

En 1663, Me de Longueville a eu la tutelle, tant de feu M. l'Abbé d'Orleans, que de M. le Comte de S. Pol, & en cette qualité l'adminiftration du Comté.

Enfin

Enfin depuis la mort de M. le Comte de S. Pol
la mefme Me de Longueville , Me de Nemours aprés
elle , & M^{rs} les Princes de Condé aprés , Me de Nemours , ont eu fucceffivement la curatelle de M. l'Ab-
bé d'Orleans , & en vertu de la curatelle , la Regence
de Neufchatel , qu'ils ont continuée jufques à la mort
de ce Prince.

On ne peut cotter de loy à Neufchatel , ni qui défere à qui que ce foit , la Regence pendant la minorité
du Prince , ni qui l'attribuë au Peuple ; & on n'y trou-
vera point d'exemple , où la tutelle ait efté donnée
autrement que par le choix de la famile , ou par la no-
mination du Roy. Tous ces Tuteurs & toutes ces Tu-
trices , qu'on vient de citer , n'ont point eu befoin ,
ni du confentement des Peuples de Neufchatel , ni
d'autre fuffrage que celuy des Parens , ni d'autre titre
que de la mefme tutelle , qui leur commettoit l'adminiftration des autres biens ; marque infaillible
d'un bien veritablement patrimonial , & qui ne differe
en rien des autres patrimoines

Il eft bon mefme de marquer en cet endroit la maniere , dont s'expliquerent fur ce point les Lettres Pa-
tentes des Rois Charles I X. & Henry I I I. accordées
à Marie de Bourbon Ducheffe de Longueville , pour
la tutelle de fes enfans,

Celles de Charles I X. du 28. Septembre 1573. font
conçuës en ces termes : *Créons , faifons & décernons par
ces prefentes , Tutrice & Curatrice , aux perfonnes & biens
de nofdits Coufins fes enfans , & à icelle donnons tout pouvoir
de regir , adminiftrer & gouverner leurs perfonnes & biens ,
&c. tant en celuy nôftre Royaume , que hors d'iceluy.*

O

Celles de Henry III. du 10. Decembre 1577. contiennent ces termes remarquables ; *C'est encore un droit qui appartient à nostre autorité Royale, que celuy de donner, sans information precedente, des Tuteurs & Curateurs aux grands Seigneurs de nostre Royaume, & principalement aux Princes qui sont du Sang Royal, selon lequel droit ledit Seigneur nostre frere & prédecesseur, a donné à sesdits cousins, qui sont du Sang Royal, nostredite cousine Marie de Bourbon leur mere pour Tutrice & Curatrice ; & comme ces droits regardent l'état des personnes, & que ce sont des droits certains, manifestes, notoires & indubitables dans le lieu de la naissance desdits pupilles, ils doivent estre reçus dans tout le reste du monde, & y avoir la mesme autorité en ce qui concerne la tutelle & la curatelle.* Suivant ces principes le Roy declare d'abondant, *qu'il nomme & instituë Marie de Bourbon tutrice & curatrice, &c. pour gerer & administrer cette tutelle tant dedans que dehors ce Royaume, & en quelque Pays que ce soit.*

On ne peut desirer de preuves plus autentiques, ni d'exemples plus illustres, pour montrer que le Comté de Neufchatel se regit en tutelle & en curatelle, comme un bien veritablement patrimonial.

Que le Comté de Neufchatel a esté plusieurs fois vendu & hypotequé.

On joint ensemble la vente & l'hypoteque, parce que ces deux genres de Contrats supposent également la proprieté : *Ce qui ne peut estre vendu, ne peut non plus estre hypotequé.* Et par la mesme raison, tout ce qui est capable d'hypoteque est aussi susceptible de vente.

Pour commencer par les hypoteques, nous voyons

que le Comté de Neufchatel a esté specialement hypotequé par ses Princes. non seulement pour dettes de l'Etat, mais pour leurs dettes particulieres.

Rodolphe d'Hochberg mariant Philippe d'Hochberg son fils, à Marie de Savoye en 1476, donne à la future épouse, en cas de viduité sans enfans, soixante-douze mille Florins d'or du Rhin ; & pour assurance de cette somme, *il luy assigne & oblige sa ville & son Comté de Neufchatel, pour en joüir jusques à l'entier payement de cette somme.*

Et ce qui est à considerer, cet Acte est fait à Neufchatel par avis des Gens du Conseil d'Etat.

Le Roy Henry II. empruntant en 1551, du Canton de Soleure, la somme de cinquante mille écus ; Leonor d'Orleans & Jacques de Savoye, heritiers présomptifs de François d'Orleans Comte de Neufchatel, *donnerent conjointement pour sureté de cette somme, & pour hypoteque special le Comté de Neufchatel & ses dependances.*

Dans cet Acte il y a une clause tres-remarquable, Les Contractans declarent, *que pendant huit ans le Comté de Neufchatel ne sera point davantage chargé, engagé ni vendu ; que toutefois si l'occasion se donnoit, que ledit Comté fut à vendre ou à engager durant ledit temps de huit ans, que ladite vendition ou engagere devra estre présentée aux chers Alliez de Soleure, qui devront estre préferez à tous autres.* Convention qui prouve, que non seulement dans l'esprit des Comtes de Neufchatel, mais dans celuy du Roy de France & du Canton de Soleure, le Comté estoit reconnu, non seulement comme sujet aux hypoteques, mais encore comme tres-capable & tres-susceptible d'alienation.

Quod emptionem venditionē recipit, etiam pignoratitiam recipere potest, *L. 9. §. 1. de pig. & hypot.*

Jacqueline de Rohan, empruntant en 1558, de Mrs de Berne, la somme de trente mille écus, pour la rançon de Leonor d'Orleans son fils, qui avoit esté fait prisonnier de guerre par le Comte de Horn, *leur hypotequa le Comté de Neufchatel.*

Leonor d'Orleans acquerant en 1564, de Guerard de Vatteville & ses freres, la Seigneurie de Colombier avec les dépendances de Bevaix, Cortaillod & Corcelles, pour le prix de soixante mille écus d'or (outre le privilege reservé de droit sur les choses venduës) leur oblige par hypoteque speciale le Comté de Neufchatel. La clause est conçuë en ces termes, *Sous l'obligation de tous & chacun nos biens, les Terres & Seigneuries de Colombier, nostredit Comté de Neufchatel, ses appartenances & dépendances, que pour cet effet nous avons soumis, affectez & hypotequez par ces presentes.*

Cet Acte est fait en presence des sieurs Naguely & Steiguer Advoyers de Berne, & des Sieurs de Graffenried & Manvel Tresoriers & Senateurs du mesme Canton, qui autorisoient les sieurs de Vatteville pour cette vente, & qui n'auroient pas accepté le Comté de Neufchatel pour hypoteque, s'ils n'avoient esté persuadez qu'il pouvoit estre aliené, puisque l'hypoteque d'un bien inalienable auroit esté inutile.

Marie de Bourbon acquerant pour ses fils en 1592 de Frederic de Virtemberg, Prince de Montbeliart, le Comté de Valangin, qu'il avoit acquis du Comte de Tourniel, tant pour s'acquitter envers cette Princesse des sommes qui luy estoient dûës, que pour payement de la somme de soixante-dix mille écus d'or, payable au Vendeur; *Elle luy donna pour hypote-*

que speciale tout le Comté de Neufchatel, avec les Seigneuries de Valangin & de Colombier, pour estre saisis par Justice à defaut de payement.

Mais quoique l'argument soit certain de l'hypoteque à la vente, nous avons de plus des exemples en foule de ventes expresses en divers temps, tantost de differentes parties du Comté, tantost mesme de la totalité.

Quant aux ventes des Parties, le Comté de Valangin, qui est une Souveraineté separée de Neufchatel, qui a ses trois Etats particuliers, & qui a presqu'autant d'étenduë que le Comté de Neufchatel, a esté plus d'une fois vendu, tant par Contrat volontaire, que par decret.

René de Chalans Comte de Valangin, ayant engagé ce Comté à Mrs de Berne pour sureté d'une somme de trente mille écus, dont ils s'estoient rendus cautions pour luy, Mrs de Berne le firent saisir le 2. Mars 1579 par autorité de Justice ; ils en furent mis en posses-sion réelle & actuelle, comme de leur hypoteque, par acte autentique fait en presence du Gouverneur & des Gens du Conseil d'Etat de Neufchatel.

Dans la suite Marie de Bourbon veuve de Leonor d'Orleans, ayant remboursé Mrs de Berne, ils luy remirent les droits d'hypoteque qu'ils avoient sur ce Comté ; & c'est en consequence de cette remise que Mrs de Berne pretendent avoir droit de retrait sur ce Comté : pretention qui seroit ridicule sans doute, si ce Comté estoit inalienable, puisque le droit de re-trait, suppose de necessité une alienation qui préce-de, & que Mrs de Berne n'y ont jamais eu de droit que par l'engagement & l'adjudication qui en avoit esté faite à leur profit.

En 1589, Joseph de Tourniel & son fils Comte de Valangin, vendirent ce Comté à Frederic de Virtemberg Comte de Montbeliard, moyennant 57846 écus d'or, & à la charge de payer à son acquit à Marie de Bourbon Comtesse de Neufchatel, la somme de 68154 écus d'or, pour laquelle le Comté de Valangin luy estoit specialement hypotequé.

En 1592, le mesme Frederic de Virtemberg, revendit à la mesme Marie de Bourbon, comme tutrice de ses enfans, le Comté de Valangin, avec la Mairie de Boudeviller, pour la somme de soixante dix mille écus d'or, outre les sommes dûës à cette Princesse, pour lesquelles ce Comté luy estoit auparavant engagé.

La Baronnie de Gorgier fut venduë en 1433, par Jacques de Stavay à Jean de Neufchatel, pour le prix de onze cens florins d'or.

La Seigneurie de Colombier avec les dépendances de Bevaix, Cortaillod & Corcelles, ont esté venduës en 1564, par Guerard de Vatteville & ses freres, pour la somme de soixante mille écus d'or.

Les domaines de l'Abbaye de Fontaine-André & du Prieuré du Vautravers, furent vendus en 1558, par Jacqueline de Rohan, comme tutrice de Leonor d'Orleans son fils, aux quatre Ministraux & Communauté de Neufchalel, moyennant le prix de 25245 écus d'or, avec faculté perpetuelle de remeré; cette vente fut ratifiée par Leonor d'Orleans, au mois de Decembre de la mesme année 1558.

L'Abbaye de l'Isle S. Jean dependante du Comté

de Neufchatel, fut venduë en 1517 par Jeanne d'Hoch-berg à Mrs de Berne, qui en ont fait un Bailliage sur lequel ils ont toute Souveraineté.

Il faut ajoûter à toutes ces ventes particulieres, cel-le que Jacques de Savoye Duc de Nemours, fit à Leo-nor d'Orleans en 1557, de sa moitié du Comté de Neufchatel, qui luy avoit esté ajugée par Sentence des Audiences generales de 1552, & dont il avoit joüi pendant cinq ans.

De toutes ces alienations des membres & des par-ties, la conclusion est infaillible à l'alienabilité du tout, par deux raisons sensibles.

La premiere, que les parties en matiere de Royau-me & de Souverainetez, sont de mesme qualité & condition que le tout, puisque le tout n'est autre cho-se qu'un assemblage & une union des parties qui le composent. En effet, si le Comté de Neufchatel estoit simplement usufructuaire & non patrimonial, les Princes n'auroint pû, par vente ni autrement, le dé-membrer au préjudice de leurs successeurs.

Argument d'autant plus considerable dans le fait, que toutes ces ventes particulieres (sans compter mê-me celle de Jacques de Savoye) font presque les trois quarts de la Souveraineté de Neufchatel.

Ors'il est vray, que la plus grande partie de la Sou-veraineté, soit entrée dans le commerce, peut-on douter que la totalité n'en soit aussi capable ? Et l'ar-gument n'est-il pas infaillible de la plus grande partie au tout ?

Mais ce qui souffre encore moins de replique, est la vente faite par Jacques de Savoye à Leonor

Res talis præ-sumitur, qualis est major pars il-lius loci. *Goed.* *conf.* 50. n. 52.

d'Orleans ; ne prouve t-elle pas invinciblement l'a-
lienabilité du total ? Nous jugeons en termes de
Droit, des quotitez comme du tout, le donataire
ou legataire d'une moitié, d'un tiers ou d'un quart,
& toute autre portion indivise & indeterminée, est
consideré comme un donataire ou un legataire uni-
versel.

Jacques de Savoye Seigneur souverain pour moitié de Neufchatel, pouvoit vendre sa moitié à un
étranger, comme il a pu la vendre à Leonor d'Orleans son cousin ; car ce qui peut estre aliené, peut
l'estre indifferemment à tous, de mesme que ce qui
est inalienable l'est pour tous.

Et ce qui est encore plus précis, Leonor d'Orleans
pouvoit vendre sa moitié, comme Jacques de Savoye
la sienne, l'alienation des deux moitiez auroit fait
manifestement l'alienation du tout.

Ainsi cette vente de Jacques de Savoye, qui a esté
mise au nombre des ventes particulieres des membres
& des parties, se place une seconde fois, & plus à
propos mesme, entre les ventes du total.

Mais ce n'est pas la seule preuve de l'alienabilité
totale, en voicy deux autres considerables.

La premiere de l'an 1288, dont le fait est memorable.

Rodolphe de Neufchatel, recherchant la protection de l'Empereur Rodolphe d'Hasburg, luy remit
entre les mains son Comté de Neufchatel, avec priere
d'en investir Jean de Châlon Seigneur d'Arlay ; cela
fut executé.

Dans la suite, Rodolphe de Neufchatel reprit son
Comté de Jean de Châlon, & luy en fit la foy & hommage

mage : Ainſi la Souvraineté de Neufchatel revint à la Maiſon de Neufchatel ; mais chargée de l'hommage envers la Maiſon de Châlon.

Les choſes ſubſiſterent en cet état, juſques dans le ſeiziéme ſiecle; Alors la Maiſon de Châlon ayant fini, en la perſonne de Philbert de Châlon mort ſans enfans, au Siege de Florence en 1530. Les biens de cette Maiſon paſſerent aux deſcendans d'Alix de Châlon, & par eux, à la Maiſon d'Hochberg, qui poſſedoit le Comté de Neufchaſtel. Par ce moyen, cette mouvance réünie avec le Comté s'éteignit, & depuis ce temps-là, le Comté de Neufchatel, revenu à ſon premier état, n'a plus fait hommage à perſonne.

Na. Alix de Châlon fut mariée à Guillaume de Vienne; & de ce mariage eſt iſſu Marguerite de Vienne femme de Rodolphe d'Hochberg Comte de Neufchatel.

Si la Principauté de Neufchatel n'avoit pas eſté patrimoniale, il n'auroit pas eſté au pouvoir de Rodolphe de Neufchatel de la remettre, ni dans les mains de l'Empereur Rodolphe, ni dans celles de Jean de Châlon, & moins encore en la reprenant des mains de Jean de Châlon, d'en changer la nature, & d'en avilir la dignité, en la ſoumettant à l'hommage de la Maiſon de Châlon. Car comme dit Grotius : *Sous le terme d'alienation, l'infeodation eſt veritablement compriſe, puiſque la commiſe, ſoit dans le cas de felonie, ſoit dans les autres cas, qui emportent l'extinction ou la reverſion du Fief, eſt une veritable alienation : C'eſt pourquoy, (dit ce grand homme) on a vû dans pluſieurs Etats ces ſortes d'infeodations reputées nulles, de même que les alienations, comme n'ayant pas eſté faites par le conſentement des Peuples.*

Sub alienatione, meritò comprehenditur & infeudatio ſub onere commiſſi ex felonia, aut deficiente familia, nam & hæc eſt conditionalis alienatio; quare vidimus à pluribus populis, irritas habitas ut alienationes Regnorum quæ populis inconſultis Reges fecerant. Grot. Lib. 2. c. 5. §. 9.

La ſeconde preuve reſulte du Traité de l'an 1548, conclu entre Claude Collier, au nom de Jeanne d'Hochberg Comteſſe de Neufchatel, avec Mᵣ de

Fribourg, pour la vente du Comté de Neufchatel.

Il est vray que cette vente n'eut pas d'execution; il est pareillement vray qu'une autre vente faite par ce même Collier, pour la même Jeanne d'Hochberg, à René de Châlans de la Souvraineté du Comté de Valangin n'eut aucun effet; Mais la nullité de ces ventes ne venoit point de la part du sujet, ni de l'inalienabilité prétenduë. L'unique cause estoit, que dés l'année 1519, Jeanne d'Hochberg avoit fait donation à ses fils, des Comtés de Neufchatel & de Valangin, dont elle s'estoit seulement reservé l'usufruit; & qu'au préjudice de cette donation, faite à ses propres fils, il n'estoit plus à son pouvoir d'en disposer, par vente ni autrement, au profit d'autres personnes.

Ce fait n'est pas seulement certain par la donation de 1519, qui servira dans la suite, comme un titre & une preuve de la libre disposition, mais encore par la Sentence des Cantons, qui fut renduë sur ce sujet le 28 Octobre 1584, dont la prononciation explique les motifs; Voici les termes : *Prononçons, que ladite Jeanne d'Hochberg, ayant fait donation à ses fils les jeunes Princes, dudit Comté & de ses autres Seigneuries en 1519, de sorte qu'elle s'est défaisie de toutes leurs droitures jusqu'à l'usufruit & joüissance d'iceux seulement ; Ce qu'elle a non seulement approuvé en duë forme, mais aussi a esté ratifié par le Roy : En quoy donc Claude Collier, qui sans doute estoit bien & duëment informé de tout ceci, n'avoit aucun pouvoir ni autorité de vendre par aprés à personne, au nom de Madame Jeanne d'Hochberg la Souvraineté de Valangin.*

Cette prononciation fait bien connoistre, que ce Comté par sa nature pouvoit estre aliené, & que sans la donation entre vifs qui precedoit, & qui avoit transferé la proprieté aux enfans, rien n'auroit pû faire obstacle à la vente, ni en empécher l'effet.

Ce fut aussi par cette raison que Mrs de Berne deliberant en leur Conseil en 1543, s'ils achepteroient le Comté de Neufchatel, que Jeanne d'Hochberg offroit de leur vendre, declarerent, *qu'elle n'estoit plus en droit d'aliener ce Comté, sans l'exprés consentement de ses fils & l'agrément du Roy.*

Quand on n'auroit que ces alienations, ces engagemens & ces hypoteques pour toute preuve, quand on ne raporteroit ni Testamens, ni donations, la conclusion ne seroit-elle pas juste? *Neufchatel peut estre vendu, engagé, hypotequé; il peut donc estre donné & legué.*

Mais M. le Prince de Conti a l'avantage de prouver l'alienabilité par toutes sortes de titres, & par toutes sortes de dispositions. Si nous voyons des ventes, des engagemens, tantost des parties, tantost du tout, nous trouvons beaucoup plus de donations, d'institutions & de legs; & l'on va voir, par nombre d'exemples, que presque tous les Souverains de Neufchatel de l'un & de l'autre sexe, ont disposé de cette Souveraineté; les uns entre-vifs, les autres par Testament; sans que les donataires & les legataires ayent souffert aucune contradiction dans leur droit, & sans qu'avant l'année 1694, on ait seulement eu la pensé d'en faire un doute.

Que le Comté de Neufchatel a esté tres-souvent donné, soit entre-vifs, soit par Testament.

En 1337, Rodolphe II. Comte de Neufchaftel fit son Testament, par lequel il inftitua Louis de Neuf-chatel son fils, pour son seul & unique heritier, qui joüit du Comté de Neufchatel en vertu de cette inftitution.

En 1354, le même Louis de Neufchatel dernier Comte de cette Maison, qui avoit fait son Testa-ment en faveur de ses fils, en fit un autre aprés leur mort, au profit d'Isabelle & de Varenne de Neufcha-tel ses filles, qu'il inftitua conjointement heritieres, & qui en consequence de ce Testament, partagèrent entr'elles la succeffion de leur pere. Par ce partage la plus grande partie du Comté de Neufchatel échût à Isabelle, Varenne eut pour son lot le surplus avec d'autres Terres, ainsi qu'il a esté cy-deffus expliqué.

En 1394, Isabelle de Neufchatel, n'ayant point d'enfans, inftitua Conrard de Fribourg son heritier, & ce fut par cette inftitution que le Comté de Neuf-chatel entra dans la Maison de Fribourg.

En 1416, Conrard de Fribourg mariant son fils unique nommé Jean, luy donna par son Contrat de mariage avec Marie de Châlon, le Comté de Neuf-chatel, ses appartenances & dépendances, *pour en joüir par luy comme de son propre heritage, pour luy & ses hiritiers & qui de luy auront cause perpetuellement.*

En 1450, Jean de Fribourg mourut sans enfans, il inftitua par son Testament, Rodolphe d'Hochberg son cousin ; & par ce moyen le Comté de Neufchatel passa dans la Maison d'Hochberg.

En 1465 , Rodolphe d'Hochberg legua par son Testament , le Comté de Neufchatel , à Philippe d'Hochberg son fils.

En 1519 , Jeanne d'Hochberg (à qui le Comté estoit venu par la succession de Philippe son pere) en fit donation entre-vifs à Louis & François d'Orleans ses fils, ainsi que de ses autres biens, avec reserve d'usufruit sa vie durant.

Cette donation fut autorisée par le Roy François I, & l'on a vû cy-dessus comment elle fut reconnuë si valable & si legitime, qu'elle servit de fondement au Jugement des Cantons du 28 Novembre 1584, par lequel ils declarerent la vente faite par Jeanne d'Hochberg, ou par Claude Collier en son nom de la Souveraineté du Comté de Valangin, nulle, comme n'ayant pû estre faite au préjudice de cette donation entre-vifs.

On a expliqué cy-dessus comment, aprés le decés de François d'Orleans fils de Louis, le Comté fut ajugé par le Jugement des Audiences Generales de 1552, à Leonor d'Orleans & à Jacques de Savoye ses cousins & ses heritiers par moitié ; comment Jacques de Savoye, par l'entreprise de M.rs de Berne ceda sa moitié à Leonor d'Orleans, & comment par ce moyen, le Comté demeurera en entier à la Maison d'Orleans.

Enfin en 1668, M. l'Abbé d'Orleans estant à Neufchatel, fit donation entre-vif à M. le Comte de S. Pol son frere, de tous ses droits dans les Comtés de Neufchatel & de Valangin, avec charge de reversion en cas de prédecés du donataire.

La donation fut faite à Neufchatel, reçûë par deux Notaires de Neufchatel, en prefence de tous ceux qui compofoient le Confeil d'Etat, & qui en fignerent l'acte, non pas comme perfonnes neceffaires pour l'authorifer, mais en qualité de fimples témoins pour en attefter la foy d'une maniere plus autentique.

Cette donation eft fi remarquable dans toute fa difpofition & dans toutes fes circonftances, qu'elle fuffiroit feule pour toute preuve, contre le faux fyfteme d'inalienabilité, inventé par l'Affemblée de 1694: voicy les termes de cet acte folemnel.

Pour ces caufes & autres confiderations à ce le mouvant, de fa libre & franche volonté, a fait & fait don par ces prefentes, par donation entre-vifs, pure, fimple & irrevocable en la meilleure forme que donation de cette qualité fe peut faire & eftre faite, à mondit Seigneur Comte de S. Pol fon frere, à ce prefent & acceptant, pour luy, fes hoirs, fucceffeurs & ayant caufe eftant auffi prefent audit Château de Neufchatel, de tous & tels droits de Souveraineté de proprieté & autres qui appartiennent & qui font acquis à mondit Seigneur donateur en la fufdite qualité de principal heritier efdites Souverainetés de Neufchatel & Valangin leurs appartenances, dépendances & annexes, fans aucunes chofes en excepter, retenir ni referver en quelque forte & maniere que ce foit; au moyen dequoy lefdites Souverainetés & Principautés de Neufchatel & Valangin, appartiendront pour le tout à mondit Seigneur le Comte de S. Pol, qui entrera dés-à-prefent en poffeffion & jouiffance actuelle des chofes à eux appartenantes en pleine proprieté; fous cette condition toutefois acceptée par Monfeigneur le Comte de S. Pol, qu'arrivant fon decés fans enfans, ou celuy de fes en-

fans fans enfans , mondit Seigneur donateur eftant encore vivant, en ce cas & non autrement lefdites chofes retourneront de plein droit à mondit Seigneur donateur.

Il n'y a pas un feul mot dans cet Acte qui ne foit une preuve,

1. M. l'Abbé d'Orleans donne à M. le Comte de S. Pol fon frere, *par donation entre-vifs pure , fimple & irrevocable pour luy, fes hoirs & ayant caufe ;* rien n'exprime plus la pleine tranflation de proprieté, & la liberté perpetuelle d'aliener. Par là M. le Comte de S. Pol n'acquiert pas feulemeut pour luy même ni pour fes heritiers legitimes, mais *pour fes ayant caufe ;* c'eft-à-dire pour fes creanciers, fes donataires, fes legataires, ou autres fucceffeurs, en un mot pour quiconque aura droit de luy, à quelque titre que ce foit.

2. M. l'Abbé d'Orleans donne, non pas les Comtés de Neufchatel & de Valangin ; mais feulement *les droits qui luy eftoient acquis, comme heritier principal, tant dans l'un, que dans l'autre,* parce que ces Comtés, ainfi qu'on l'a fait voir, eftant divifibles, comme tout autre patrimoine *entre les deux freres,* M. l'Abbé d'Orleans ne pouvoit ceder à M. le Comte de S. Pol, que les droits qu'il y avoit.

3. M. l'Abbé d'Orleans *donne tous droits de Souveraineté, proprieté, & autres qui luy appartiennent.* Ces deux termes *de fouveraineté & proprieté* joints enfemble, dénotent parfaitement que la Souveraineté eftoit tenuë en proprieté, & que c'eftoit en un mot une Souveraineté patrimoniale.

En effet la claufe ajoûte, *pour entrer dés à prefent en poffeffion & joüiffance actuelle defdites chofes* A E U X A P-

PARTENANTES EN PLEINE PROPRIETE'.

4. Le donateur referve la claufe de reverfion en fa faveur, en cas de prédecés du donataire fans enfans; Claufe qui marque clairement la liberté d'aliener, acquife de droit au donataire, & qui auroit efté une précaution tres-inutile, fi la Souveraineté par fa nature avoit efté inalienable.

Ce qui a fuivi cet Acte n'eft pas moins confiderable que l'Acte même.

Deux jours aprés, M. l'Abbé d'Orleans, ayant fait convoquer les Etats, il leur declara le fujet de l'Affemblée, & *leur commanda de reconnoiftre M. le Comte de S. Pol fon donataire, pour leur Souverain & de luy obéir à l'avenir.*

La lecture de la donation ayant efté faite aux trois Etats, en prefence du Peuple, le Sr de Molondin répondit à M. l'Abbé d'Orleans au nom des trois Etats, *qu'ils executeroient fes volontez avec refpect & foúmiffion; il protefta à M. le Comte de S. Pol, qu'ils auroient pour luy l'obéiffance & la fidelité qu'ils devoient à leur Souverain;* aprés quoy M. l'Abbé d'Orleans remettant le Sceptre entre les mains de M. le Comte de S. Pol, dit à l'Affemblée, *qu'il ne fe refervoit d'autorité fur eux que, pour leur commander d'obéir à M. le Comte de S. Pol, & de luy eftre fideles.*

Une reflexion importante! On affemble les Etats, non pas pour déliberer, fi l'on avoit droit de faire cette donation, car elle eftoit faite deux jours auparavant; non pas pour les confulter, fi la Souveraineté eftoit alienable, & fi le Souverain pouvoit transferer fon droit à fon cadet, car on n'en avoit jamais douté; non pas même pour demander l'approbation des Etats

ni

ni le confentement du Peuple, car ni les Etats ni le Peuple ne prétendoient y avoir droit; mais pour rendre la donation plus éclatante & plus folemnelle. Les Etats ne prononcent aucun jugement, ils affiftent fimplement à la lecture publique de la donation; Ils ne donnent pas même l'inveftiture à M. le Comte de S. Pol; c'eft M. l'Abbé d'Orleans luy-même, qui remet le Sceptre entre les mains de fon frere: Tout fe fait par la feule volonté de ce Prince; il ordonne, il commande, les Etats reçoivent le commandement avec foumiffion, ils promettent de l'executer, ils reconnoiffent pour Souverain le fucceffeur que ce Prince leur donne, ils proteftent de luy obeïr & de luy eftre fideles.

Enfin fi aprés tant d'exemples, & fur tout aprés celuy dont on vient d'expliquer les circonftances, on peut encore en defirer quelqu'autre, peut-on mieux couronner l'œuvre, & citer un meilleur exemple, que celuy de Me de Nemours même? La donation qu'elle a faite au Chevalier de Soiffons le dix-huit Février 1694, renouvellée par fon Contrat de Mariage du fix Octobre de la même année, ne peut valoir fans doute par le défaut de droit en la perfonne de cette Ducheffe, car fi l'heritier teftamentaire exclut l'heritiere *ab inteftat*; Elle n'a pû donner, au Chevalier de Soiffons, un bien qu'elle même n'avoit pas, & que le Teftament luy oftoit.

Mais cette donation toute nulle qu'elle eft, ne fert pas moins à prouver, contre celle qui l'a faite, que la Principauté de Neufchatel peut eftre alienée, donnée & leguée: c'eft une preuve, qu'elle n'a pû ni defa-

Q

voüer ni contredire; on a même remarqué dans le fait, comment cette Princesse, bien inftruite de la nature & de la condition de cette Souveraineté, en obtenant l'inveftiture par le Jugement du 18 Mars 1694, s'éleva contre la prononciation, qui declaroit le Comté de Neufchatel inalienable par Teftament, ni autrement, & comment elle-même, defavoüant & condamnant comme une erreur cette inalienabilité chimerique (qui avoit pourtant fervi de fondement à fon inveftiture) fit tout de nouveau la donation de ce Comté au Chevalier de Soiffons par fon Contrat de mariage; en confequence duquel, il prit le nom & les armes de Prince de Neufchatel , que Mᵉ fa veuve & Mˡˡᵉ fa fille portent encore aujourd'huy.

On ne peut pas dire, pour diminuer la force de ces preuves, que ces donations raportées en nombre, eftoient faites en faveur des plus proches , qui fans ces difpofitions mêmes auroient fuccedé *ab inteftat*.

Il paroift difficile d'accorder cette objection avec la donation de Mᵉ de Nemours au Chevalier de Soiffons , qui n'eftoit certainement, ni l'heritier préfomptif de Mᵉ de Nemours, ni le fucceffeur legitime de la Principauté de Neufchatel. Mais l'objection n'eft ni plus veritable, ni plus confiderable, par raport à ces autres difpofitions qu'on vient de citer.

Premierement, dans le nombre de ces donations, il y en a qui font faites à un parent plus éloigné, au préjudice du plus proche.

Quand Isabelle de Neufchatel, institua Conrard de Fribourg son neveu ; ce fut à l'exclusion de Varenne de Neufchatel sa sœur & son heritiere presomptive.

Quand Jean de Fribourg, fit son Testament en faveur de Rodolphe d'Hochberg son cousin ; ce fut au préjudice de Guillaume d'Hochberg, qui avoit *ab intestat* le même droit que son frere ; puisqu'ils estoient en parité de degré, de même que par la Sentence des Audiences de 1552, Jacques de Savoye en eut la moitié avec Leonor d'Orleans.

Quand François d'Orleans, second du nom, succeda au Comté de Neufchatel ; ce fut en vertu de la donation de Jeanne d'Hochberg son ayeule, & preferablement à François d'Orleans son Oncle, quoyque plus proche & propre fils de la donatrice ; & bien que François d'Orleans fut fils de Louis, qui estoit l'aîné des fils de Jeanne d'Hochberg, les Actes font foy, que ce ne fut pas par ce titre de representation, mais par celuy de donataire qu'il succeda.

En second lieu, il ne faut pas considerer, si ces differens Successeurs auroient pû posseder le Comté de Neufchatel à un autre titre, mais à quel titre ils l'ont possedé. En effet, quoiqu'aucuns d'eux pussent en estre les heritiers presomptifs (outre que plusieurs de ces donataires n'auroient pas esté les seuls heritiers) la donation, ayant un effet present, irrevocable & certain, estoit un titre plus avantageux pour eux, que l'esperance douteuse & incertaine de la succession future.

La donation de Jeanne d'Hochberg à ses fils en 1517, en est un exemple, elle auroit dépoüillé ses enfans du Comté de Valangin, par la vente qu'elle en fit en 1542, & de celuy de Neufchatel, par la vente qu'elle projettoit d'en faire à Mrs de Berne & de Fribourg, fi elle n'avoit pas eu les mains liées par la donation anterieure de 1519.

Les autres Seigneurs donataires ou legataires, du Comté, quoiqu'ils puſſent réunir en leurs perſonnes le double droit de donataire & d'heritier, ont toûjours preferé le premier, comme plus aſſûré. Dans tous les Actes qu'ils ont faits, ils n'ont pas agi comme heritiers, mais comme donataires, legataires ou inſtituez ; cela ſe remarque entr'autres dans le renouvellement d'alliance que Rodolphe d'Hochberg fit avec Mrs de Berne en 1458, où il ſe nomme *donataire du Comté de Neufchatel, en vertu de la donation à cauſe de mort, que Jean de Fribourg luy en a faite par ſinguliere amitié.* Et enfin tant de Princes & de Princeſſes de Neufchatel, ſe feroient-ils aviſez de diſpoſer de ce Comté, les uns par des donations entre-vifs, les autres par des Teſtamens, ſoit au profit de leurs heritiers preſomptifs, ſoit au profit de ceux qui ne l'eſtoient point, fi la diſpoſition n'en avoit pas eſté notoirement libre ? Ceux qui auroient eu quelque intereſt comme heritiers preſomptifs en tout ou en partie, ne ſe feroient-ils pas élevez contre ces donations, & contre ces Teſtamens ? Les peuples mêmes ne s'y feroient-ils pas oppoſés par des remontrances ou autrement ; fi la conſtitution de l'Etat & les Loix de la Nation y avoit refiſté ? Les Cantons alliés & les Princes voiſins ne ſe feroient-ils pas intereſſés pour les appuyer ? Mais loin de s'oppoſer à cette liberté ; tous l'ont reconnuë comme un droit naturel, hereditaire & patrimonial, c'eft ce qui refte en peu de paroles à expliquer.

Que la faculté d'aliener & de difpofer de Neuf-
chatel, a efté reconnuë de tous temps dans le
public, par les Princes voifins, par les Cantons
alliés & par les Peuples mefme de Neufchatel.

Le Roy François I. écrivant en 1528, aux Cantons, pour les engager de rendre, à Jeanne d'Hochberg, le Comté de Neufchatel, dont ils s'eftoient empa-rés en 1512, leur parle en ces termes ; *Tres-chers &*
grands amis, Alliés, Confederés & bons Comperes; Vous
fçavés les grandes & longues pourfuites & infurpotables frais
que noftrè tres-chere & tres-fage coufine la Ducheffe de Lon-
gueville, a fait pour le recouvrement de fon Païs & Comté
de Neufchatel, qui eft fon vray & ancien heritage &
patrimoine.

Reconnoiffance des Princes voi-fins.

Jeanne d'Hochberg, ayant difpofé de ce Comté, comme de fon patrimoine, en faveur de fes fils, par la donation de 1519, cy-deffus rapportée ; cette donation fut confirmée par le mefme Roy François I. en 1520.

Le Roy Henry II. reconnut bien l'alienabilité du Comté de Neufchatel, puifqu'ayant emprunté de M. de Soleure, une fomme d'argent en 1551; Il leur donna pour caution Leonor d'Orleans & Jacques de Savoye, qui pour fureté de cette fomme, donnerent le Comté de Neufchatel pour hypoteque fpeciale.

Frederic de Virtemberg Prince de Montbeliard,

ne doutoit point de l'alienabilité du Comté de Neufchatel, lorſque vendant, à Marie de Bourbon en 1592,
le Comté de Valangin, qu'il avoit acheté du Comte
de Tourniel, il accepta pour hipoteque du prix de
la vente le Comté de Neufchatel, pour eſtre ſaiſi par
Juſtice à défaut de payement.

Peut-on deſirer une reconnoiſſance plus autentique, que celle du Roy Louis XIII. dans le Traité
qui fut fait à Turin entre Sa Majeſté & Victor-Ame-
dée Duc de Savoye, le 5 Juillet 1632. Par ce Traité le
Duc de Savoye, cedant au feu Roy, la Ville de Pignerol & autres Terres, juſqu'à la Riviere de Cluſon,
moyennant l'eſtimation qui en devoit eſtre faite ; Il
fut ſtipulé, que le prix ſeroit employé, à l'acquiſition
que le Duc de Savoye avoit deſſein de faire, du Comté
de Neufchatel & de Valangin. On ne peut rien faire
de mieux que d'en rapporter les mêmes termes : *Et
parce que M. le Duc de Savoye prétend, par l'interpoſition
de Sa Majeſté, employer l'argent en l'acquiſition de Neufchatel & Valangin ; le Roy fera toute ſorte d'office, & pro-
curera avec le Duc de Longueville autant qu'il luy ſera poſ-
ſible, que cette vente de laquelle a eſté cy-devant parlé, ſoit
effectuée, de ſorte toutefois, que ſoit que le Traité d'entre leſdits
Sieurs Duc de Savoye & de Longueville, pour raiſon de
ladite vente de Neufchatel & Valangin ait lieu ou ne l'ait
pas la preſente ceſſion ou délaiſſement de Pignerol & autres
lieux cy-deſſus mentionnés, ne laiſſera pas de ſortir ſon
plein & entier effet. Et en cas que l'achat dudit Neufchatel
& Valangin n'ait lieu, ledit Sieur Duc de Savoye, voulant
employer cet argent en achat d'autres Terres Souveraines,
où l'entremiſe de Sa Majeſté puiſſe eſtre utile, promet d'y*

Nª. On recon-
noiſt donc que de
droit commun, les
Souverainetés
pourront eſtre alie-
nées.

contribuer tout ce qui en dépendra.

Suivant ce projet, les Comtés de Neufchatel & de Valangin auroient eſté acquis par le Duc de Savoye, ſi le Duc de Longueville avoit voulu les vendre; mais il ne trouva pas à propos de s'en défaire, & ſon ſeul refus en empeſcha l'alienation.

Enfin le Roy a reconnu, comme les Roys ſes pré-deceſſeurs, la Souveraineté de Neufchatel patrimoniale, dans le Jugement que Sâ Majeſté prononça au mois d'Avril 1674, ſur les differends de Meſdames les Ducheſſes de Longueville & de Nemours, qui porte en termes formels; *Que la propriété de la Souveraineté & Comté de Neufchatel & Valangin, ſes annexes & dépendances, appartient à noſtre couſin Jean-Louis-Charles d'Orleans Duc de Longueville, & l'adminiſtration à noſtre Couſine Ducheſſe de Longueville, en qualité de ſa Curatrice.* Ce Jugement du Roy, fut publié au Prône de toutes les Egliſes des Comtés de Neufchatel & Valangin le 26 du meſme mois d'Avril, *afin que chacun eût à s'y conformer à peine d'eſtre chaſtié exemplairement.*

On a donc eu raiſon de dire, que la patrimonialité de Neufchatel a eſté reconnuë, dans tous les temps, par les Princes voiſins comme un droit conſtant & non conteſté, puiſque les Roys de France, les Duc de Savoye & Prince de Montbeliard, qui ſont les Princes les plus voiſins de Neufchatel, l'ont reconnu tres alienable.

Les Cantons Suiſſes, qui avoient conquis ce Comté par les armes, l'ont reconnu de meſme, lorſqu'ils l'ont remis à Jeanne d'Hochberg, par l'Acte du 30 Juin 1529, dont voici les termes; *Avons remis ladite*

Ville & Comté de Neufchatel en l'état qu'il est mainte-
nant à ladite Dame Jeanne d'Hochberg, ses enfans legitimes,
hoirs & successeurs pour les posseder, dominer, en joüir &
user elle & ses enfans & hoirs, pour en ordonner & dis-
poser à son plaisir avec pleine puissance, & tous droits
fruits, appartenances & dépendances de la même maniere
qu'ils l'avoient tenu & dominé jusqu'alors. Ces termes
n'ont besoin ny de commentaire, ni de reflexion,
pour confirmer la patrimonialité, de la maniere la
plus expresse.

Quand les Cantons de Berne & de Fribourg, ont
esté en marché d'acheter le Comté de Neufchatel de
Jeanne d'Hochberg, ou de Claude Collier son Procu-
reur en 1543, & 1548; Ils en reconnoissoient bien l'alienabilité. Ils l'auroient effectivement acheté, si Jeanne
d'Hochberg en avoit eu la proprieté ; mais elle s'en
estoit auparavant desaisie par la donation entre-vifs,
qu'elle en avoit faite à ses fils en 1519, sans laquelle,
rien n'auroit empesché la vente de ce Comté.

Quand le Canton de Soleure, presta au Roy Henry
II. en 1551, cinquante mille écus, sous le cautionne-
ment de Leonor d'Orleans & de Jacques de Savoye;
(ainsi qu'il a esté dit cy-dessus) il n'exigea pas seulement pour sureté, l'hypoteque speciale du Comté de
Neufchatel; mais il stipula de plus ; *Que le Comté ne*
seroit point davantage chargé, engagé, ni vendu pendant huit
ans, que toutefois si l'occasion se donnoit, que ledit Comté fut
à vendre ou engager durant ledit temps de huit ans, que la-
dite vendition ou engagere devra estre presentée à ses chers
Alliés de Soleure, qui devront estre preferés à tous autres.

Quand Leonor d'Orleans acquit en 1564, des Sieurs
de

de Vatteville, la Seigneurie de Colombier ; il hypotequa pour seureté du prix, son Comté de Neufchatel, ses appartenances & dépendances : l'Acte fut
fait en presence & sous l'autorité des Advoyers &
Bourciers du Canton de Berne, qui en sont les Chefs.

Quand les neuf Cantons non alliez. de Neufchatel
declarerent en 1584. la vente faite par Jeanne d'Hochberg, de la Souveraineté de Valangin nulle, ils donnerent pour fondement de leur decision, la donation
entre-vifs, qu'elle en avoit faite precedemment, aussi
bien que du Comté de Neufchatel en 1519.

Peut-on rien desirer de plus autentique & de plus
precis que ces reconnoissances des Cantons ?

On a esté surpris de voir que ceux qui ont écrit en
1699. contre le droit de M. le Prince de Conti, ayent
voulu se prevaloir d'un Acte qui fut fait en 1406. par
seize Bourgeois Conseillers de la Ville de Neufchatel,
en faveur de Jean de Châlon, dans le temps auquel
cette feodalité accidentelle, dont on a vû cy-dessus
l'histoire, duroit encore.

Reconnoissance
des Peuples de
Neufchatel.

Il est aisé de combattre nos adversaires avec leurs
propres armes, & de retorquer cet Acte, quoyque
nul contr'eux-mêmes, comme une premiere preuve
de la reconnoissance des Neufchatelois ; que le Comté
de Neufchatel par sa nature est patrimonial & de libre disposition..

Par cet Acte, ces seize Particuliers declarent, *qu'au
cas que Conrard de Fribourg, pour lors Comte de Neufchatel, decedât sans enfans nez en legitime mariage, ou ses
enfans sans enfans ; ils reconnoistront Jean de Châlon pour
leur Seigneur : & que s'il arrivoit que ledit Conrard ou ses*

R

heritiers vinssent à donner, vendre ou transferer par Testa-
ment, institution d'heritier ou autrement, ledit Comté ou par-
tie d'iceluy à d'autres qu'aux enfans qui luy doivent succeder,
ils permettent par serment qu'ils ne tiendront pour leurs Sei-
gneurs, & ne rendront obeïssance à ceux ausquels ladite
Translation aura esté faite, mais rendront à Jean de Châlon
& aux siens toute obeïssance, & le recevront luy & les siens
pour Prince & Seigneur dudit Neufchatel.

On pretend induire de cette declaration que Neufchatel est inalienable.

Si cet Acte pouvoit faire une ombre de preuve contre M. le Prince de Conti, il seroit aisé d'en faire voir
la nullité par le defaut de pouvoir, & l'inutilité par l'in-
execution.

De quel droit seize personnes du Conseil de la ville
de Neufchatel auroient-ils pû se donner l'autorité de
disposer de la proprieté du Comté, d'en transferer le
domaine utile au Seigneur direct, d'imposer des Loix à
leur Prince & de limiter son pouvoir, eux qui n'en
pouvoient avoir qu'autant qu'il avoit plû à leur Prince même de leur en donner, & qui ne tenoient tout
leur caractere que de sa grace? La direction du Conseil
de Ville ne regarde de droit que les affaires publi-
ques de la Bourgeoisie & de la Police ; Elle ne s'é-
tend que dans la Banlieuë de la Ville, & n'a aucune
puissance sur tout le reste du Comté, encore moins sur
les droits du Prince.

Cet acte estoit donc un attentat aux droits de leur
Seigneur naturel, qui estoit alors éloigné de son Pays,
& engagé dans les guerres des Croisades. Si même
Neufchatel avoit esté un Etat electif, & qu'il eût esté

au pouvoir de ces Peuples d'élire leur Prince, de le
deſtituer, & de luy impoſer des loix, il n'auroit pas
appartenu à quelques Conſeillers de la Ville d'exclure
Conrard de Fribourg, & de choiſir Jean de Châlon ;
il auroit fallu en ce cas convoquer les Etats du Pays,
les Audiences generales, les Deputez de chaque Corps
& Communauté.

Mais à plus forte raiſon cet Etat eſtant patrimonial
de ſa nature ; comment pourroit-on ſoûtenir que la
declaration de quelques Sujets eût eſté capable de la
changer, & d'oſter à leur Prince le droit de l'aliener.

Cet Acte eſtoit d'autant plus nul, qu'il ne tendoit
pas ſeulement à priver le Prince de la liberté qui luy
eſtoit acquiſe de droit commun, de diſpoſer de ſon
Comté comme de ſon bien ; mais encore d'en exclure
les heritiers legitimes autres que ſes enfans, & de le
transferer à leur prejudice à ce Seigneur feodal, qui
ne l'eſtoit pas même de droit, comme i l a eſté dit,
mais par occaſion & par precaire. Rodolphe de Neufchatel s'eſtoit mis ſous l'hommage de Jean de Châlon par forme de protection, & le protecteur ſeroit
demeuré luy-même, par la cabale de ſeize Particuliers,
l'uſurpateur de ce Comté.

Il ne faut donc pas s'étonner ſi un Acte ſi vicieux
& ſi temeraire tomba de luy-même, & s'il demeura
ſans effet. A peine Conrard de Fribourg fut de retour
en 1409, qu'il ſe plaignit au Canton de Berne de la
conduite de ſes Sujets, & cet Acte fut aneanti deſlors.
Nous avons deux preuves autentiques de cette verité.

La premiere tirée du Traité de mariage de Jean de
Fribourg fils de Conrard, avec Marie fille de Jean de

Châlon, du trois Juillet 1 4 1 6.

Par ce Traité il est convenu entre Conrard de Fribourg & Jean de Châlon pere des futurs époux, que Jean de Fribourg auroit le Comté de Neufchatel & toutes ses appartenances & dépendances, *pour en joüir comme de son propré heritage, pour luy, ses hoirs & ayans cause perpetuellement.*

Jean de Châlon ne pouvoit reconnoître plus formellement la nullité de l'acte de 1406.

1. Loin de se prevaloir d'un tel Acte, qui privoit Conrard de Fribourg & ses descendans de la libre & absoluë proprieté pour la transferer au defaut d'enfans à Jean de Châlon, Jean de Châlon reconnoît luy-même que cette proprieté doit apartenir pleinement à Jean de Fribourg, comme de son propre heritage, pour luy, ses hoirs & ayans cause perpetuellement.

2°. La proprieté n'est pas *seulement pour Jean de Fribourg & ses heritiers*, mais *pour ses ayans cause :* Terme important, qui exprime la liberté de disposer par vente, par donations, & par tout autre genre de Contract ou de disposition du Comté de Neufchatel, comme de tous ses autres biens.

3°. Jean de Châlon ne se reserve pas même la Seigneurie directe, ▪ ne luy avoit esté accordée que par forme de protection.

La seconde preuve se tire du Testament de Jean de Fribourg. Persuadé du droit qu'il avoit (suivant la clause même de son Conrract de mariage qui vient d'estre expliquée) de disposer du Comté de Neufchatel par Testament, il institua Rodolphe d'Hocbert son cousin qui luy succeda. Et quoy que les deux cas prévûs par l'Acte de 1406 fuſſent arrivez, c'eſt-à-dire, le defaut d'enfans & la diſpoſition par Teſtament, les Conſeillers & Bourgeois de Neûfchatel, loin d'appeller Jean de Châlon, ou ſon ſucceſſeur en vertu de cet Acte temeraire de 1406. reconnurent au contraire Rodolphe d'Hocberg, comme heritier inſtitué par le Teſtament du Prince.

Cet Acte fait en faveur de Jean de Châlon, dans un temps auquel il s'eſtoit fait Seigneur dominant & Suzerain de Neufchatel, eſt donc d'autant moins conſiderable que cette Suzeraineté qui en eſtoit le fondement a ceſſé, & que le Comté de Neufchatel eſt revenu à ſon premier eſtat.

Mais cet Acte tout nul, tout vicieux, & tout abandonné qu'il eſt, loin de prouver l'inalienabilité, prouve tout le contraire. Par là ces Conſeillers reconnurent formellement que le Comté pouvoit eſtre vendu, donné, legué par Teſtament & autrement; Ils ne firent cette declaretion (comme l'Acte même le marque) que dans la vûë d'empêcher que le Comte ne diſpoſât du Comté en faveur d'un étranger, au prejudice de ſes enfans. Inutilement les Neufchatelois auroient fait cet Acte de precaution, ſi Neufchatel avoit eſté inalienable, & ſi le Prince n'avoit pas la liberté d'en diſpoſer par donation, Teſtament ou autrement.

Auſſi eſt-il certain, comme on va le faire voir, que dans tous les temps, & par toute ſortes d'Actes, les Neufchatelois ont reconnu la patrimonialité de Neufchatel, & la faculté acquiſe de droit à leurs Princes d'en diſpoſer, comme d'un bien patrimonial & de libre diſpoſition.

Nous avons dans les monumens publics, trois sortes de preuves de cette reconnoissance.

La premiere tirée des Actes, soit de partage, soit d'hypoteque, soit de donation de cette Souveraineté, faits dans Neufchatel même, & par l'avis des Etats de Neufchatel.

Quand Rodolphe d'Hochberg mariant Philippe son fils en 1476. à Marie de Savoye, donne à la future épouse soixante douze mille florins d'or, en cas de survie sans enfans, & luy assigne par engagement sa Ville & Comté de Neufchatel, jusqu'à l'entier payement; Le Contrat en est fait, *par l'avis des Gens du Conseil d'Etat de Neufchatel.*

Quand il s'agit en 1552. de decider du partage de la Souveraineté de Neufchatel, entre Leonor d'Orleans & Jacques de Savoye, cela se fait *par le ministere des Audiences generales de Neufchatel.*

Quand M. l'Abbé d'Orleans fait donation en 1668. à M. le Comte de S. Pol son frere, de ses droits dans les Comtez & Souverainetez de Neufchatel & Valangin, on a vû comme l'acte en est fait *en presence des Gens du Conseil d'Etat, comme témoins, & la donation publiée & enregistrée en presence des trois Etats & du Peuple.*

S'il estoit vray que par les loix & constitutions de l'Etat, la Souveraineté de Neufchatel ne pût estre ni divisée, ni hypotequée, ni donnée, les Officiers de Neufchatel, les trois Etats, les Audiences generales, auroient-ils non seulement souffert, mais autorisé par leur presence, par leur avis, & par leur enregistrement, des dispositions qui auroient esté autant de contraventions à leurs constitutions & á leurs loix?

Et n'en faut-il pas conclure au contraire, qu'ils ont reconnu dans tous les temps la patrimonialité, & l'alienabilité de Neufchatel, comme conforme au droit commun, & à la constitution même de cet Etat.

La seconde preuve se tire des Chartes des Franchises de Neufchatel : On y remarque qu'en 1454. aprés une incendie arrivée à Neufchatel, les Bourgeois presenterent leur Requeste à Jean de Fribourg Comte de Neufchatel, le suppliant tres-humblement, *que comme dans cette incendie le Livre de leurs franchises & libertez à eux accordées par ses predecesseurs avoit esté brûlé, il luy plût de vouloir les luy renouveller au plus prés de ce que l'on pourroit s'en souvenir.* Jean de Fribourg accorda leur demande, & souscrivit à une liste de soixante articles qu'ils luy presenterent. Ils n'obmirent rien dans cette liste de tout ce qui estoit de leurs droits contre le Prince ; leur attention va jusqu'au point de n'y pas obmettre un article de *quatre sols.* Ils n'auroient pas oublié, sans doute, celuy de l'alienabilité de la Souveraineté, comme le plus considerable, & le plus important de tous, s'ils eussent cru avoir le droit d'empêcher leur Prince d'aliener.

Ces franchises & libertez sont confirmées par Rodolphe d'Hochberg en 1458. par Philippe d'Hochberg en 1487. *conformement & selon le contenu des franchises à eux confirmées & innovées par Jean de Fribourg.*

Elles sont de nouveau confirmées & augmentées par Jeanne d'Hochberg en 1537, les Lettres commencent en ces termes : *Sur l'humble Requeste des Quatre Ministraux, Conseil & Communauté de nostre Ville de*

Coûtumier de Neufchatel, fol. m 1.

Art. 4. des Franchises des Bourgeois de Neufchatel.

Coutumier de Neufchatel, fol. m. 8. & suiv.

Coutumier de Neufchatel, fol. m. 57.

Neufchatel, Nous suppliant tres-humblement, & nous fai-
sant remontrer en toute humilité & reverence, qu'il Nous
plaïse avoir pitié d'eux, en leur impartissant don & élargis-
sement sur les restrictions de leurs Franchises & Chartes,
afin qu'en toute humilité, fidelité & sureté, ils puissent
surement demeurer dans nostredite Ville, &c.

Ainsi les franchises dont joüissent les Peuples de Neufchatel, ne leur ont esté accordées qu'à leur tres-humble supplication, & ils ne les tiennent que de la pure grace des Princes. Et bien loin que dans toutes ces concessions & confirmations de franchises, il y ait rien qui lie les Princes, à ne pouvoir pas disposer de la Souveraineté, il paroist au contraire que c'est le Prince qui permet aux Bourgeois & aux Peuples de Neufchatel de disposer de leurs propres biens, sans quoy ils n'auroient point aujourd'huy la liberté de les aliener, ni de tester de leurs heritages, comme on le remarque dans l'article 24. & 28. de ces mêmes franchises. Dans le premier il est dit : *Etablissons & oc-*
troyons que nosdits Bourgeois vendent & engagent à qui
il leur plaira leurs maisons, vignes, prez, champs, & au-
tres choses, sauf nos droits & requise de Nous la licence.
Et dans l'autre : *Pourront nosdits Bourgeois faire Testa-*
mens de leurs biens & possessions sans nostre sçû, sauf nos-
dits droits, & donner à qui bon leur semblera, excepté à
Moines blancs.

La troisiéme preuve resulte des concessions & des confirmations qui ont suivi; elle est encore au dessus de toutes les autres. Ces concessions contiennent les reconnoissances les plus formelles & les plus auten-tiques de l'alienabilité.

Par

Coutumier de
Neufchatel. fol. m.
4.

Coûtumier de Neufchatel, fol. m. 61.

Coûtumier de Neufchatel, fol m. 239.

Par les Lettres du 8 May 1537, intitulées, *Reconfirmation & augmentation des Franchises*, accordées par Jeanne d'Hochberg aux Bourgeois de Neufchatel, il paroift, que les Bourgeois de Neufchatel estoient chargez, envers leur Souverain, de cinq aides en cinq cas ; sçavoir pour Mariage de fille, voyage d'outre-mer, l'Ordre de Chevalerie, rachapt de prison & acquisition de terre ; que pour chacun de ces cas, ils s'obligent de payer à leur Princesse, & à ses descendans, en ligne directe, la somme de cinq cens livres, monnoye foible courante dans le Comté, avec cette reserve, dont les termes sont essentiels à remarquer ; *Et en outre avons ordonné, voulons, ordonnons & entendons, qu'en cas que nostredit Comté tombe en d'autres mains, qu'és nostres, ou dé descendans de Nous en droite ligne, soit par vendition, échange, permutation ou autrement, en quelque maniere que ce soit ; Nous dés maintenant pour lors, & dés lors pour maintenant, avons quitté & remis, quittons & remettons à nosdits Bourgeois & à leurs successeurs lesdits cinq aides, les en déchargeant dés maintenant, lesdits cas arrivant, & non autrement.*

Par Lettres du 26 Janvier 1552, François d'Orleans recevant le serment de fidelité des Bourgeois de Neufchatel, les confirma dans leurs franchises, & nommément dans celle de la modification des cinq aides, avec la même clause repetée en ces termes : *Voulons & entendons qu'au cas que nostredit Comté tombe en d'autres mains qu'és nostres où és descendans de Nous en droite ligne ; soit par vendition, échange ou autrement de quelle maniere que ce soit : Voulons, &c.*

Par autres Lettres du 3 Mars 1567, on voit que Leonor d'Orleans ayant accordé en 1566, aux Bour

S

geois forains, qui habitent hors la Ville, la même modification des cinq aides à la somme de cinq cens livres, sans avoir ajoûté la clause d'exemption & décharge en cas d'alienation du Comté ; ils firent de tres-humbles remontrances à Leonor d'Orleans, qui voulut bien leur en accorder l'exemption, de même qu'aux Bourgeois internes de Neufchatel, *au cas* *qu'aujourd'huy ou demain le Comté de Neufchatel fût aliené ou transporté par son Excellence, ses hoirs ou successeurs.*

Deux observations sur ces trois actes.

La premiere, on auroit en vain prevû le cas d'alienation du Comté, par vente, échange ou autrement, en quelque maniere que ce soit ; En vain les Bourgeois forains de Neufchatel se seroient mis en peine de faire rétablir, par de secondes Lettres, la clause d'exemption, obmise dans les premieres en cas d'alienation du Comté, si l'on n'avoit pas esté notoirement convaincu, qu'il pouvoit estre aliené par vente, par échange & par toutes sortes de dispositions.

La seconde, en vain même les Bourgeois de Neufchatel, tant internes que forains, auroient demandé & obtenu, soit de Jeanne d'Hochberg, soit de Leonor d'Orleans, cette exemption des cinq aides, si le Comté n'avoit pas esté purement patrimonial ; car en suposant le Comté inalienable, les droits qui en dépendent, & sur tout des droits aussi éminens que ceux des cinq aides, auroient esté pareillement inalienables.

Par Lettres du 7 Septembre 1578, intitulées *Octroy de l'Hôpital,* Jacqueline de Rohan Comtesse de Neufchatel, concede aux Deputez du Conseil & Communauté de Neufchatel, la direction de l'Hôpital de la

Ville & des dixmes qui en dépendent ; *à moins (dit l'Acte) que la Religion Romaine vint à être rétablie, auquel cas les Bourgeois feroient contrains de rendre cette direction au Chapître, dans quelque temps que ce foit ; Sinon au cas que nôtredit Comté tombât en d'autres mains que de nos hoirs & fucceffeurs, tant mâles que femelles en droite ligne, foit par guerre, vendition, échange ou autrement ; auquel cas ce prefent article n'aura & ne fortira fon effet, & demeurera tout ledit bien du Chapître, ainfi préfentement baillé audit Hôpital auffi perpetuellement.* Peut-on reconnoître plus clairement, & plus formellement la faculté d'aliener ?

Par Lettres de l'an 1539, contenant la remife faite par Jeanne d'Hochberg, aux Bourgeois de Neufchâtel, il eft dit, *que lefdits de Neufchâtel, joüiront & gaudiront incontinent de tous & chacun les articles ci-deffus mentionnez, & déclarez, fans empêchement quelconque : Et Nous & nofdits hoirs, de tous autres biens d'Eglife & autres, étant de nôtredit Comté, en pourront faire nôtre bon plaifir, fans que lefdits Bourgeois y puiffent mettre empêchement quelconque.*

Par Lettres du premier Juillet 1558. les Bourgeois de Neufchâtel, qui avoient acquis de Jacqueline de Rohan Comteffe de Neufchâtel, l'Ab-

S   baye

Coûtumier de Neufchâtel, fol. m. 69.

Coûtumier de Neufchâtel, fol. m. 57.

Coûtumier de Neufchâtel, fol. m. 84.

baye de Fontaine - André & le Prieuré de Vautravers , accordérent à cette Princesse , la faculté de retirer ces domaines alienez ; mais
avec cette reserve expresse; *que si le Comté tom-
boit cy - aprés en d'autres mains que celles de
madite Dame , Monseigneur le Duc son fils, ou
Mademoiselle sa fille , & de leurs successeurs
perpetuels descendans d'eux en droite ligne , soit
par vendition , échange , guerre ou autrement,
ladite faculté de rachapt sera & demeurera nulle,
& de nulle force & valeur à perpetuité.* Que
peut - on desirer de plus précis ?

ON ne finiroit point si l'on vouloit raporter tout ce qui s'est fait au sujét de la
Souveraineté de Neufchâtel & Valengin , &
tout ce qui en prouve l'alienabilité.

On se contentera d'adjoûter trois distin-
ctions qu'on peut faire dans la question particuliere dont il s'agit.

La 1re entre un parent proche du Testateur,
qui par sa proximité peut esperer de succeder à
la Souveraineté, & un étranger ou un inconnu
au profit de qui le Souverain voudroit disposer de l'Etat.

Or

Or M. le Prince de Conti n'étoit pas un étranger par raport à M. l'Abbé d'Orleans, puis qu'il étoit son cousin germain.

La 2de entre un Prince digne de porter une Couronne, capable de l'honorer, en état de proteger ses sujéts, & de se faire craindre à leurs ennemis ; & un simple particulier dénué de toutes ces qualités au profit de qui l'alienation d'une Souveraineté seroit faite.

La Modestie de M. le Prince da Conti ne permet pas de rien dire de sa Personne dans un Mémoire qui porte son Nom. La contrainte que souffre l'Auteur en cet endroit, l'oblige d'avoir recours au témoignage de toute l'Europe.

La 3e distinction se tire de la nature des Etats.

On peut mettre dans le même rang d'inalienabilité ceux qui sont électifs, & ceux qui suivent la Loi Salique ; c'est-à-dire, qui n'admettent que les mâles à la Couronne, & qui excluent les femelles.

Pour les Electifs, ils sont inalienables, parce que le peuple veut se choisir un Souverain, & honorer plusieurs familles, afin d'empêcher le trop grand credit d'une seule.

A l'é

A l'égard de ceux qui fuivent la Loi Salique, ils font pareillement inalienables, parce
que les peuples ne veulent être gouvernés que
par la même famille qui ne fe conferve que
dans les mâles, & qui change dans les femmes.

Mais les Etats qui paffent fous la domination des femmes font alienables ; parce que,
quand une femme les porte en dot à fon mary,
elle les aliene, & elle les met dans une autre
famille, qu'elle commence de former avec luy
fous un autre nom. Celle de la femme finit
où celle du mary commence, c'eft pourquoi
les Loix difent que *Mulier familiæ fuæ & ca-
put & finis eft.* La femme eft la fin & le
commencement de fa famille.

Tous les inconvenients qu'on peut appre-
hender de l'alienation d'un Etat, fe rencontrent
dans le mariage des filles qui fuccedent à un
Etat, & dont les maris déviennent Souverains.

Il eft quelque fois de l'interêt de l'Etat que
le Souverain puiffe l'aliener, foit pour procurer
à fes peuples une protection néceffaire après luy:
foit pour leur faire éviter une domination dan-
gereufe ou défagréable

Si un

Si un Souverain voit que son héritier présomptif est indigne de porter la Couronne, n'est-il pas du bien de l'Etat, qu'il puisse la mettre sur la tête d'un autre ?

On a vû des Princes dans les plus Illustres Maisons de l'Univers, refuser de prendre le Sceptre de leurs Ancestres , parce qu'ils ne se croyoient pas capables d'en soûtenir le poids. Le nombre de Concurrents qui se présentent pour demander celuy de Neufchâtel fait bien voir qu'on est revenu de ces anciens sentiments : Mais la sagesse de ceux qui doivent décider de la contestation , ouvrira les yeux sur les interêts de l'Etat.

Si la liberté indefinie d'aliener la Souveraineté a trop d'étenduë ; Voilà l'occasion de faire une Loi avantageuse à l'Etat , & honorable aux peuples de Neufchâtel. Il faut donner l'Investiture à M. le Prince de Conti , & renouveller les anciens serments du Souverain & des sujéts : Il faut y comprendre que les Comtés de Neufchâtel & de Valengin seront inalienables dans la suite, si l'alienation n'est faite du consentement des Trois Etats, en sorte qu'il faudra le concours de la volonté du Souverain & de celle

T

des

des peuples tel qu'il est nécessaire pour faire d'autres Loix dans le pays.

M. le Prince de Conti offre son consentement pour établir cette Loi. Mais il est de principe, que les Loix ne se font que pour l'avenir, & qu'elles n'ont point d'effet retroactif pour le passé : *Leges & constitutiones futuris certum est dare formam negotiis, non ad facta præterita revocari.*

L. 7. C. de Legibus.

Ainsi la Loi qu'on fera pour déclarer la Souveraineté de Neufchâtel inaliénable, bien loin de donner atteinte au Droit qui est acquis à M. le Prince de Conti, ne peut servir au contraire qu'à le confirmer.